**돈키호테**
희망을 쏘다

# 돈키호테
## 희망을 쏘다

지 은 이 | 이정한
펴 낸 이 | 김원중

기　　　획 | 김무정
편　　　집 | 김주화, 박성연
디 자 인 | 변은경, 류미선
제　　　작 | 허석기
관　　　리 | 차정심
마 케 팅 | 김재운, 정한근

초판인쇄 | 2014년 02월 15일
초판발행 | 2014년 02월 20일

출판등록 | 제313-2007-000172 (2007.08.29)

펴 낸 곳 | (주)상상나무
　　　　　 도서출판 상상예찬
주　　　소 | 경기도 고양시 덕양구 행주내동 743-12
전　　　화 | (031) 973-5191
팩　　　스 | (031) 973-5020
홈페이지 | http://smbooks.com

ISBN 978-89-93484-88-5(03190)

값 13,000원

고아소년 미국 대학교수 되다

# 돈키호테
## 희망을 쏘다

이정한 지음

상상
나무

# 내가 사랑하는 아들

　이정한 교수는 내가 사랑하는 아들이다. 비록 피가 섞이진 않았지만 그가 늦은 나이에 미국에 와서 보여준 학업에 대한 열정과 성취는 아주 높이 살만한 일이다.

　이 책에도 우리의 만남의 과정이 들어있지만 그는 나의 교회 간증을 듣고 신앙에 또 삶에 큰 도전을 받았다고 한다. 그리고 내게 자신의 멘토가 되어 줄 것을 여러 번 부탁했다. 나는 그에게 그저 누구에게나 인정받는 삶을 살 것을 주문했다. 나로선 특별한 메시지가 아니었는데 그는 이 말에 도전을 받아 스스로를 더욱 추스르고 채찍질하는 계기가 되었다고 한다.

　이 교수는 매우 사교적이고 붙임성이 특별하다. 많은 사람을 즐겁게 만들고 또 친구로 삼는 특별한 재주를 지녔다. 내게도 매일 안부를 전하며 얼마나 극진히 섬기는지 그를 양아들로 삼는데 주저할 수 없었다. 나 역시 하루라도 소식이 뜸하면 내가 전화를 한다. 그가 사는 필라델피아와 내가 사는 시애틀은 제법 먼 거리다. 그럼에도 그는 자기 가족들과 수시로 우리 부부를 찾아와 즐거운 시간을 보내곤 한다. 그 정성과 성의에 늘 놀라움을 느낀다.

그가 이번에 『돈키호테 희망을 쏘다』라는 자전에세이집을 낸다며 내게 추천사를 부탁해 왔다. 나는 그의 지나온 삶을 고스란히 담은 이 책을 보며 울고 웃었다. 그가 고통 받고 고생한 대목에선 나 역시 눈물이 글썽거려졌고 그가 아이비리그 대학에 입학해 환호성을 지르는 대목에서는 나 역시 박수를 치며 축하하고 있었다.

이 책은 우리 인간이 열심히 뛰면 얼마만큼 가능성을 열 수 있는지를 뭉클한 감동과 함께 보여준다. 내가 이 교수를 양아들로 삼아서가 아니라 그는 정말 부지런하고 많은 재주를 가졌다. 그리고 어디에서나 쓱쓱 그려내는 드로잉 솜씨는 많은 사람들의 입꼬리를 추켜올라가게 한다.

어느 날 아들은 그동안 틈틈이 그린 드로잉을 보여주면서 "이것을 오바마 대통령에게 보여주면 어떻겠느냐?"고 물었다. 나는 100여 개의 드로잉을 책으로 묶어 백악관으로 보냈는데 대통령도 이 드로잉에 무척 흥미를 보였다.

나는 뒤늦게 또 하나의 아들을 주신 하나님께 감사드린다. 그는 나와 생김새도 친아들보다 더 닮아 진짜 아들로 착각하는 이들도 참 많다. 숨겨났던 아들이라고 농담을 하기도 한다.

이 책이 희망을 잃고 좌절하거나 어려운 환경에 있는 많은 분들을 일으켜 세우고 미국 유학을 꿈꾸며 도전하려는 젊은이들에게 용기와 자신감을 주는 책이 되리라 믿어 의심치 않는다. 좋은 책을 쓴 나의 아들에게 사랑과 격려를 보낸다.

2014년 새해에
신호범 미국 워싱턴 주 상원의원

# 엄청난 에너지와
# 무한한 창조의 힘

우리 대학에서 학생들에게 아주 인기 있는 이정한 교수가 한국에서 자신의 미국생활 이야기를 담은 책을 출간한다는 이야기를 들었다. 그는 책을 낼만한 충분한 자격이 있으며 또 소재도 무궁무진한 흥미로운 교수다. 나는 그의 이런 점을 6년 전 우리 학교 항공대설립 추진 과정에서 이미 발견했다. 그의 이야기를 듣고 있노라면 엄청난 에너지와 무한한 창조의 힘이 느껴진다.

그는 학생 한 명 한 명을 아주 소중하게 여기고 최선을 다해 가르친다. 그의 수업을 들은 학생은 그가 얼마나 정확하게 자신들의 관심과 필요를 짚어내고 거기에 합당한 도움을 주는지 놀라게 된다. 그리고 그는 종종 강의실만이 아닌 학교 까페테리아, 도서관, 학교호수 등에서 강의하기도 한다. 이정한 교수의 수업을 듣는 모든 학생들이 활짝 웃으면서 그야말로 예술을 창조하는 장면을 볼 수 있다.

나는 그와 대화하는 것을 매우 즐긴다. 그는 진취적이고 열정적이어서 새로운 일을 만들어 내고 또 추진해 나가는 것을 좋아

한다. 이런 것이 모여 미국학생들도 어렵다는 아이비리그인 펜실베니아대학과 컬럼비아대학에서 석사와 박사과정을 할 수 있었다고 본다. 우리 학교는 그가 교수로 있는 것을 아주 자랑스럽게 생각하고 있다.

언젠가 그는 나를 찾아와 우리 대학의 넓은 캠퍼스를 가리키며 항공대학을 세우면 어떻겠느냐는 어마어마한 이야기를 꺼냈다. 나역시 관심을 보였지만 이는 워낙 큰 프로젝트여서 감히 엄두를 내지 못했다. 그런데 이 교수는 시애틀에 있는 보잉사의 도움을 받으면 가능도 할 것이라며 보잉사 관계자가 우리 학교를 방문케만드는 놀라운 협상력을 보여 주었다. 그는 많은 미국 내 유명 인사들과 친한 관계를 유지하고 또 누구에게나 도움을 주는 것을 즐기는 긍정적이고 적극적인 사람이다.

미국에서 자란 것도 아닌 동양인 유학생이 교수로 자리를 잡는다는 것은 쉽지 않은 일이다. 아메리칸드림을 이룬 이 교수의 역동적인 삶은 많은 학생은 물론 우리도 본받을 점이 많다.

나는 이 교수가 씨앗을 던지고 물까지 준 항공대학이 머지않아설립돼 활짝 꽃을 피우리라 믿는다. 그가 낸 아이디어에 열매를 맺게 하는 것은 우리들의 몫이라 하겠다.

날씬한 근육질의 몸매에 이소룡의 쌍절곤을 돌리는 그의 활력넘치는 삶이 계속 이어져 나가길 바라마지 않는다. 또 그가 낸 책『돈키호테 희망을 쏘다』가 한국에서 베스트셀러가 되고 이것이 영문으로도 번역되기를 기대해 본다.

2014년 2월 10일

허먼 제이 삭캄(Herman J. Saatkamp) 스탁튼대학 총장

# 용기 있는 자가
# 세상을 바꾼다

이정한은 U-Penn에서 내가 가르친 학생 중에서 근래에 보기 드문 뛰어난 학생이며, 내가 좋아했던 제자다. 그는 말보다 실천하는 행동파이고, 내 수업 때 조교를 하면서 많은 학생들에게 인기를 누리기도 했다. 그는 많은 한미교류전도 성공리에 진행했다. 졸업 후에는 필라델피아 시청에서 벽화가로서 대단한 활약을 했다. 그는 에너지가 남다르다. 그 후 그는 명문 중의 명문인 컬럼비아대학 사범대 박사과정에 입학해서 교육자로서 좀 더 깊은 배움의 길을 택했다. 그는 자주 나에게 논문에 관한 질문을 하곤 한다. 자랑스러운 제자의 앞날에 거는 기대가 매우 크다.

 – 쥴리 슈나이더Julie S. Schneider(펜실베니아대학 미술대 학장)

나는 그동안 많은 대학원생들을 배출시켰지만 그중에서도 이정한은 내가 가장 아끼는 제자이다. 수년이 지나도 여전히 넘치는 에너지와 항상 겸손하면서 그 무엇인가를 남달리 도전하는 정신을 나는 존

경하고 사랑한다. 대학교수가 되는 것은 동서양을 막론하고 쉽지만
은 않다. 그는 절대 중단하지 않고 나에게 추천서를 요구한다. 끝없
는 도전을 나는 무척 사랑한다.

　　　　　　　　　　－ 존 무어John Moore(펜실베니아대학 미술대 학과장)


　　Mr. Lee는 컬럼비아대학 예술대학원에서 박사를 밟고 있는 좀 특
별한 학생이었다. 그는 항상 남들이 생각하지 못하는 엉뚱한 생각을
수업 때마다 나름대로 펼치곤 했다. 생각이란 아주 좋은 씨앗이다.
특히 엉뚱한 생각은 더더욱 놀라운 창조를 유발한다. 그의 웃음 뒤
에 어떤 행동과 말이 따라 나올까, 하고 기대하게 된다. 제자의 앞날
에 무궁한 발전이 있기를 진심으로 바란다.

　　　　　　　　　　－ 쥬디 버튼Judy Burton(컬럼비아대학 사범대학원 원장)


　　나는 Mr. Lee 논문 담당 교수다. 그는 항상 부지런하고 성실하다.
언제나 손에 스케치북을 들고 다니면서 어디에서나 드로잉을 한다.
거리의 설치 작업을 즐기는 나로서는 그의 드로잉하는 모습이 남다르
게 느껴진다. 예술가의 면목과 교육자로서의 자질을 가지고 있는 자
랑스러운 나의 제자. 제자의 앞날에 영광이 있길 바란다.

　　　　　　　　　　－ 그래엄 설리번Graeme Sullivan (컬럼비아대학 사범대 학과장)


　　Mr. Lee는 당시 유일하게 동양인이었다. 그러나 그의 넘치는 에너

지와 타고난 그림 소질은 과히 으뜸이라 생각한다. 그리고 동양 특유의 색채와 그의 얼굴에서 뿜어 나오는 열기는 학교 전체를 덮고도 남았다. 그는 실기와 학문을 겸비한 아주 훌륭한 예술교육자임에 틀림이 없다.

　　　　　　　　　　　　－ 그러앰 닉슨Grame Nickson(뉴욕스튜디오스쿨 학장)


　　나는 뉴욕스튜디오스쿨에서 이정한을 처음 만났다. 그런 후에 U-Penn에서도 가르쳤고 훗날 예일대학에서도 그를 초청해서 그의 작품을 학생들에게 소개한 바도 있다. 그는 남들이 갖지 못한 아주 예리하고 정확한 진정한 예술인의 눈을 가졌다. 그는 365일 스케치북을 들고 다니면서 마음껏 그의 창의력을 담아낸다. 그래서 나는 그를 무척 사랑한다. 곧 그의 드로잉 전시회를 볼 수 있기를 기대한다. 그는 훌륭한 예술인임에 분명하다. 수년이 지난 후에 훌륭하게 성장한 그의 모습과 그림을 보았을 때에는 기절할 정도로 깜짝 놀랐다. 참으로 자랑스러웠다, 나의 사랑스러운 제자가.

　　　　　　　　　　　　－ 바바라 그로스맨Barbara Grossman(예일대학 교수)


　　한! 그의 그림을 들여다보면 실로 유머러스해서 저절로 웃음이 나온다. 그러면서도 아주 스케일이 크고 정교하게 그려져 있다. 마치 한 편의 소설책을 읽는 듯하다. 그래서 나는 그의 작품을 좋아한다. 선이 굵으면서도 그 선에 정교함이 있어서 좋다. 내가 사랑하는 제자다.

　　　　　　　　　　　　－ 앨프레드 레슬리Alfred Leslie(예술가)

이정한은 중학교 시절부터 알아온 절친이다. 그는 정 많고 의리 있는 친구로 공부도 잘해 어디서나 돋보이는 멋쟁이였다. 한동안 연락이 끊겨 궁금했는데 미국 대학교수가 되어 덜컥 나타나 나를 놀라게 했다. 자신의 이야기를 소담스레 담은 이 책은 단순한 성공담을 넘어 가슴 뭉클한 휴먼 다큐가 아닐 수 없다. 누구에게나 일독을 권하고 싶다.

– 이만수(SK프로구단 야구감독)


'용기 있는 자가 세상을 바꾼다'는 말처럼 이정한 교수의 삶은 한편으론 집요하고 무모하기까지 하다. 어느 여름날 그가 내 사무실에 나타나 페루의 땅인 로레또 주가 미래의 제2의 한국이 될 것이라 꿈꾼다고 말해 나는 정신이 번쩍 들었다. 나 역시 평생을 남들이 믿지 않는 일을 해오고 있다. 물로 핵을 만들어서 미래 인류의 에너지를 창출해내는 것이다. 이런 의미에서 나는 그의 도전을 존경한다. 그가 그동안 얻은 성취들은 이 책을 통해 선명히 확인할 수 있다. 이 책은 글을 끝까지 읽게 만드는 힘을 가졌다. 독자들은 그의 이야기 속으로 빠져들 것이다.

– 김재욱(핵융합 박사, 재미 과학자)

# 내일을 향해 달려라

　내가 몸담고 있는 곳은 미국 동부 뉴저지 남쪽 해변에 있는 스탁튼 대학(The Richard Stockton State College of New Jersey)이다. 사계절의 변화와 캠퍼스의 낭만을 물씬 느낄 수 있는 아름다운 곳이다. 뉴저지 주립대학인 이곳에서 나는 2008년 봄부터 비주얼 아트(Visual Arts 시각예술) 과목을 맡아 학생들을 지도하고 있다. 학생들을 가르치는 나의 모습　교육학 석사과정을 졸업하고 이 자리까지 당도하기는 결코 쉽지 않은 여정이었다.

　우리 인생은 어린 시절부터 숨이 멈출 때까지 삶을 스스로 결정해야 하는 선택의 연속선상에 있다. 각기 삶의 진로는 천차만별이지만, 인생의 최종 결승선은 누구에게나 동일하게 주어진다. 그것은 바로 죽음이다. 결국 누구에게든 죽음이라는 마지막이 기다리고 있다. 이 결승점을 기억한다면 삶이 더 진지해지지 않을 수 없다. 보다 가치 있는 삶에 비중을 두지 않을 수 없다. 이를 위해 스스로 노력해야 한다. 그래야 마지막 순간에 후회 없이 눈 감을 수 있을 것이다.

지난 2010년에 『뉴욕의 거지들』이라는 제목의 책을 한국에서 출간했다. 미국인들의 소소한 삶을 직접 그린 드로잉과 개인적으로 느낀 단상을 담은 책이었다. 많이 팔리진 않았지만 책을 읽은 분들이 내게 보내온 관심의 여파는 꽤 오래 갔다.

나는 인쇄매체, 즉 활자가 갖는 힘은 인간에게 또 다른 사고(思考)와 깊이의 세계를 열어 준다고 믿는다. 책은 불특정 다수에게 읽히고 순환되면서 작가의 체험과 생각의 열매들을 나누어 독자들과 공감대를 형성해 나간다.

내 삶은 좀 특별하다면 특별하고 또 그 정도 굴곡 없는 사람이 어디 있느냐고 반문한다면 그것도 맞는 말이다. 그러나 내가 미국에서 비즈니스맨으로 선교활동가로 대학교수로 자리 잡으면서 이웃에게 '마음의 빚' 같은 것이 늘 존재했다. 그것은 내가 걸어온 길, 한국과 미국에서 다양한 캐릭터로 삶을 살아오면서 갖게 된 '사고의 깊이'를 나 혼자만이 아닌, 다른 이들과도 나누어야 한다는 일종의 의무감이자 숙제 같은 것이었다. 인생을 여행에 비유한다면 『론리 플래닛』 같은 여행안내서를 손에 든 사람과 그렇지 못한 사람의 행로 차이는 실로 엄청나기 때문이다.

이 책은 나 자신이 여러 시행착오를 겪으며 이뤄낸 서툰 삶의 행적들이다. 한국 청년들, 특히 오늘을 아파하며 고뇌하는 청년들에게 작은 도움이라도 줄 수 있다면 하는 바람으로 펜을 들었다. 2013년에 오랜만에 한국에 다시 와서 가장 실망한 건, 미래가 창창한 젊은이들이 벌써 꿈을 잃어버리고 자신의 어려운 처지를 한탄하며 좌절하거나 방황하고 있다는 사실이었다.

나는 이런 청년들의 등을 툭툭 두드려주며 외치고 싶다. 현실이 막막하고 답답할지라도, 꿈과 희망과 용기를 가지고 과감하게 도전해 보라고. 도전해야 결과가 있고 미래에 대한 가능성도 얻을 수 있다.

사실 나는 40세가 되도록 크게 내세울 만한 게 없던 사람이었다. 그러나 미래에 대한 꿈과 비전만은 잃지 않고 항상 간직하고 있었다. 앞길이 참으로 막막한 상황에서도 늘 용기를 잃지 않고 무작정 끈기 있게 버티곤 했다. 그 결과 이제 그 열매를 서서히 수확하며 나름대로 보람있는 나날을 보내고 있다.

나는 삼수를 했음에도 대학입시에 실패하고 군대에 다녀와 간신히 대학에 들어갔다. 명문대에 가려고 발버둥 치다 결국 뜻을 이루지 못한 탓이기도 했다. 고교 시절부터 미술반에 들어가 그림을 그렸던 나는 40세가 되어 직장생활을 박차고, 잠시 정치에 몸담았던 것도 정리하고 새로운 세계를 향해 도전장을 내밀었다.

그것이 바로 미국 유학이었다. 어려서부터 소망했던 그림공부를 뒤늦게 미국에서 다시 시작하기로 마음먹었다. 1996년 불혹의 나이에 학문의 세계로 과감히 문을 밀치고 들어간 것이다. 지금 지난 16년간의 미국 유학 시절을 돌이켜 보면 한바탕 꿈을 꾼 것 같기도 하다. 숱한 고통과 시련들도 지나고 보니 오히려 감사한 일이었고 하나님의 은혜였음을 고백한다.

학부 신입생으로 출발한 내가 석사 학위만 3개-MBA(경영학), MFA(미술), Ed.M(교육학)-를 받았고, 명문 대학교에서 박사과정까지 당당하게 밟았으니 뒤늦게 시작한 공부를 원 없이 한 셈이다. 그리고 이제는 대학교수가 되어 강단에 서고 있다.

나는 오늘도 내 인생의 목표지점을 향해서, 마지막 결승선을 향해서 열심히 달려가고 있다. 눈에 보이는 것, 귀에 들리는 것, 손에 잡히는 것들과 그리고 강렬하게 느낌이 오는 것들! 나의 삶에서 맺어지고 펼쳐지는 모든 인연과 사연들, 그 모든 인연의 대상들에게 감사하고 또 감사하는 마음으로 힘차게 즐겁게 감사하며 달리고 있다.

　이 대열 속에서 여러분도 함께 달리자고 손을 내밀고 싶다. 물론 달리면서 숨이 차고 힘이 들 것이다. 그러나 아무리 힘들어도 우리는 호흡을 멈추지 말고, 마지막까지 달리고 또 달려야 한다. 마지막 순간에 내삶이 가치 있고 보람 있고 후회가 없었노라고 말할 수 있도록 말이다.

　나의 이 글들이 부족한 가운데서도 하나님께 영광되길 간절히 기도한다. 아울러 단 한 친구라도 이 책에서 자신감과 용기를 얻고 새로운 도전을 시도하는 계기가 된다면 이 책의 사명은 완수된 것이라 믿고 싶다.

　나를 아는 모든 분, 이 책을 읽는 분들께 참으로 감사하다는 인사를 드리고 싶다. 인생은 참으로 아름답다.

2014년 새해를 열며
뉴저지 스탁튼대학 교수실에서

호 HAN

역경이 훗날 내 삶의 귀한 자양분이 된다는 사실을 잊어선 안 된다. 나의 삶 하나하나는
그 어느 것도 버릴 수 없는 소중한 역사가 된다. 그래서 또 다른 역경이
다가왔을 때 그것을 이겨내는 예방주사가 된다는 사실을 기억할 필요가 있다.

**1**

## 역경은 나의 자양분

# 나는 고아원생이었다

지금도 나는 그 2년간을 기억하면 마음 한 구석이 휑하니 꺼지면서
아픈 상처가 다시금 되살아난다.

미국 펜실베니아대학 본관 중앙 도서관에 이런 글이 적혀 있다.

"Making History"

'역사를 만들다'란 뜻이다. 진행형이기도 하지만 '역사를 만들어 가는'이란 뜻도 포함되어 있는 것 같다.

나는 어릴 때부터 남들이 겪지 않았던 일들을 유별나게 많이 겪었다. 이제는 조심스럽게 아내와 자녀들에게도 말하지 못한 내용을 이 책을 통해 털어놓으려 한다. 그것은 창피하고 부끄러운 과거가 아니라 시대적 아픔에 고통당했던 한 소년이 이제 올바른 사회인으로 성장해 그 과정을 통해 삶을 이끌어 주신 하나님께 감사를 표현하길 원하기 때문이다. 그러므로 이 모든 것이 결국 '하나님의 은혜'로 귀결된다.

남들은 쉽게 믿지 못하겠지만, 나의 어린 시절은 참으로 가난했다.

어린 소년이 감당하기 어려울 정도였다. 삶이 배고픔 그 자체였을 만큼 처연했다. 초등학교에 입학하기 전에 집안 형편 때문에 나는 대구희망원에서 2년 동안 지냈다. 고아원생활을 한 것이다. 나는 지금도 아찔한 기분으로 그때의 배고픔을 기억해 내곤 한다.

2년 동안 희망원에서 지낼 때 가끔 우리는 외부로 나가서 삼삼오오 떼 지어 동냥을 얻으려 다녔다. 고아원에서 우리에게 먹을 것을 계속 대줄 수 없을 만큼 가난했던 것이다. 겨울에 동냥을 얻어 오면 바가지에 담긴 밥이 꽁꽁 얼어붙었다.

얼른 밥을 깨어 먹고 남은 것을 다음 날 아침에 먹으려고 베개 속에 숨긴 적이 있다. 그런데 내가 숨긴 것을 본 아이가 있었는지 다음 날 밥은 사라지고 축축한 물기만 남아 있었다. 괜히 남겨 놓았다고 억울해했던 기억이 지금도 선명하게 남아 있다.

지금도 나는 그 2년간을 기억하면 마음 한구석이 휑하니 꺼지면서 아픈 상처가 다시금 되살아난다. 그리고 마치 영화의 한 장면처럼 이어지는 영상이 있다.

내가 머물렀던 고아원 본관 건물은 시멘트로 대충 지은 듯 허름했고 듬성듬성 칠한 페인트칠도 벗겨져 초라하기 이를 데 없었다. 이곳에서 지낸 시간은 내게 너무나 큰 고통이었다. 드세고 폭력적인 아이들 틈에서 생존한다는 것이 얼마나 힘든 것인지 여러분은 모를 것이다. 그들 모두가 부모를 잃거나 버림받은, 상처 입은 아이들이었다. 그럼에도 다른 아이들에게 다시 상처를 줌으로써 자존감을 세우려 했다. 모두가 각박했던 시기였다.

어느 날, 나를 비롯한 고아원 아이들 모두가 본관 시멘트벽 옆에 두

줄로 나란히 세워졌다. 우리는 무슨 영문인지도 몰랐다. 나오라고 해서 나온 것뿐이었다. 그런데 우리 앞으로 합승버스가 다가섰다. 고아원 보모들이 이 버스에 키가 작은 어린이들부터 태우기 시작했다. 나는 키가 크다는 이유로 첫 번째 차에서 밀려나 다음 차에 타기 위해 줄을 섰다. 첫 번째 버스는 먼저 떠났고 다음 차는 시동이 걸리지 않아 출발시간이 조금 지체됐다.

바로 그때였다. 웬 군복을 입은 군인이 우리 쪽으로 와서 원장님을 만나 이런저런 이야기를 했다. 이제 몇 분만 있으면 나를 비롯해 남은 아이들을 태우고 어디론가 갈 계획이었는데 원장이 나를 불러세웠다. 이번에도 나는 맨 꼴찌로 줄을 서서 차례를 기다리고 있었다. 논밭에서 차가운 눈바람이 쌩쌩 부는 몹시 추운 겨울이었다. 지금 생각하면 아마 외국으로 입양을 가든지 아니면 다른 곳으로 이사하는 상황이었던 것으로 여겨진다.

코가 큰 외국인들 그리고 까만 동물의 털을 입은 사람들이 가끔 찾아올 때면 종소리가 땡땡 울렸다. 우리는 와~하면서 원장실로 우르르 들어가곤 했다. 그리고 며칠 후면 나와 친했던 친구들이 한 명씩 없어지곤 했다.

내가 버스에 타려고 했던 바로 그때 내가 고아원에 있다는 것을 안 친척 형님이 군대에서 휴가 중에 나를 찾아온 것이다. 그리고 떠나기 직전 아주 극적으로 나를 데려갔다. 당시는 전화도 없고 연락도 안 되던 시절이라 내가 만약 첫 번째 차에 탔더라면 난 두 번 다시 부모님을 못 보았을지도 모른다. 내가 키가 크지 않았고 그 합승버스가 고장이 나지 않았다면 지금쯤 난 어디에서 살고 있을까. 영양실조에 걸리거나 굶어서

죽었을지도 모를 일이다. 50년이 지난 지금도 나를 데려가 준 그 형님의 군번 번호를 잊지 않고 있다. 31001877. 내 생명의 은인이기에 기억하고 있는 것이리라.

이처럼 나의 어린 시절은 남달랐다. 고아원에서 나와서 몇 년이 지난 후 내가 초등학교에 다닐 때는 우리 집이 동네에서 가장 컸을 정도로 부자였다. 그야말로 최고의 생활과 밑바닥 생활을 넘나들며 어린 시절을 보냈다.

또 기억나는 것은 내가 동네 싸움꾼이었다는 사실이다. 고등학생 형이 나를 끌고 이 동네 저 동네를 다니면서 싸움을 시켰다. 겨울이면 넓은 논두렁이 나의 싸움터였고 여름이면 나무가 울창한 그늘 속이 철없던 우리들의 격투기장이었다.

지금처럼 여러 명이 집단으로 싸우는 것이 아니라 많은 친구들이 보는 가운데에서 1대 1로 코피가 날 때까지 싸우는 것이었다. 그 당시는 놀 거리 볼거리도 없던 때라 그게 하나의 놀이였던 것 같기도 하다. 그러다 동네 어른이 밭매고 돌아오는 길에 이 모습을 보고 '이놈들! 왜 이래!'라고 호통 치면 우리는 바닥에 놓인 책가방을 집어들고 얼른 줄행랑을 쳤다.

지금도 생생하게 기억나는 일도 있다. 동네는 다르지만 같은 초등학교에 다닌 이웃 동네 친구 정기영이 있었다. 같은 반은 아니었지만 권투를 일찍 시작한 친구로 형이 아마추어 복서였다. 그런 이유로 그 친구가 동네에서 제일 잘 나가는 싸움꾼이었다.

어느 날 그는 등교하던 내게 형이 사용하던 큰 권투 글러브를 던져주면서 한판 붙자고 했다. 둘은 마당에서 권투시합을 했다. 싸움꾼 근성이 있는 우리는 누구도 뒤로 물러서지 않았다. 시간이 점점 길어지면서 '등교 늦겠다. 한방으로 끝을 봐야지'라는 생각에 친구 얼굴에 어퍼컷을 제대로 한 대 올렸고 결국 친구의 코피가 터졌다. 이때는 코피가 터지면 지는 것으로 간주하던 때였다. 이 첫 시합을 시작으로 우린 무려 10차례 연속 싸움을 이어갔다. 처음에는 내가 이기다 후반으로 가서는 힘이 달렸다. 친구가 매일 권투학원에 가서 연습했기 때문이다. 싸움도 노력과 연습을 해야만 실력이 향상되는 것을 그때 알았다.

나는 당시 합기도와 태권도 유단자였기에 주로 발차기를 잘했다. 나중엔 권투도 배웠기에 중고등학교 가서도 싸움엔 항상 빠지지 않았다. 싸움과 그림만큼은 누구에게도 뒤지지 않아 요즘 말로 '짱'이었다. 특히 격투기에 관심이 많았다.

나는 1985년 11월에 결혼을 했는데 아내와 신혼여행 첫날밤에 TV로 권투경기를 우연히 보게 되었다. 그런데 바로 싸움 친구였던 정기영이 세계챔피언 타이틀 경기를 하고 있는 게 아닌가! 상대는 IBF 세계챔피언 오민근 선수였다. 기영이가 노련하고 차분하게 15회 KO승을 따내 마침내 챔피언 벨트를 허리에 감았다. 나는 아주 기뻐 즉시 방송국을 통해 연락해서 축하해 주었다. 서울에서 반갑게 해후를 했음은 물론이다.

이야기가 잠시 싸움이야기로 흘렀다. 이처럼 나의 어린 시절은 혼란했던 시기와 복잡한 가족사와 맞물려 고통과 상처를 많이 받으며 보냈다.

미국에 가서 유학하고 자리를 잡았음에도 고생하고 배고팠던 어린 시절이 떠올라 한바탕 눈물을 쏟은 적이 있다.

내가 양아버지로 삼은 워싱턴 주 상원의원인 폴 신(신호범)의 올림피아 집무실을 방문했을 때였다. 그분은 내게 벽에 걸린 2개의 그림을 차례로 소개해 주었다.

"이 그림은 미국의 초대 대통령 조지 워싱턴 장군이 말 옆에 무릎을 꿇고 기도하는 장면이라네. 옛날 워싱턴 장군이 영국군과 전쟁할 때 강을 건너기 전에 말에서 내려 하나님께 간절히 기도하는 모습이야."

자신도 매사를 하나님께 의지하고 기도하는 삶이 되겠다는 의지를 그림을 보며 다진다고 했다.

또 다른 그림은 유화였는데 이것 역시 크기가 제법 컸다.

"이것은 내 아들(폴 주니어·Paull Jr.)이 그린 거야. 내가 옛날에 거리의 거지였다고 했더니 글쎄 이 그림을 그렸어."

이 말을 마친 아버지는 갑자기 눈물을 흘렸다. 그림은 얼굴에 때가 잔뜩 묻은 어린 동양 거지소년이 길거리에서 얻어온 밥을 먹고 있는 장면이었다. 나도 나의 대구희망원 생활이 떠올라 덩달아 눈물을 흘렸다.

신호범 의원은 현직 미국 상원 부의장이다. 주님이 맺어준 아버지와 아들, 피를 나누진 않았지만 하나님께선 우리의 인연을 특별한 공통점으로 연결한 것이란 생각이 들었다.

누구나 역경을 만난다. 다만 그 경중은 다 다르다. 그러나 그 역경이 훗날 내 삶의 귀한 자양분이 된다는 사실을 잊어선 안 된다. 나의 삶 하나하나는 그 어느 것도 버릴 수 없는 소중한 역사가 된다. 그래서 또 다른 역경이 다가왔을 때 그것을 이겨내는 예방주사가 된다는 사실을 기억할 필요가 있다.

내 어린 시절은 상처와 아픔이 많았지만 그만큼 나는 빠르게 어른이 되어갔다. 인생은 잃는 것이 있으면 얻는 것도 생긴다. 그 어느 것 하나도 소중하지 않은 것이 없다. 그래서 우리의 인생이 살 만하고 가치 있는 것이 아닐까?

# 6개월간 맛본 조직세계

한창 혈기왕성하던 시절,
의도치 않게 조직생활을 6개월 남짓 했던 적이 있다.

우리는 살면서 자신의 의지와 상관없이 예기치 않은 상황에 맞닥뜨리곤 한다. 물론 최종 선택은 나의 몫이지만 불가분 이어지는 사태에 당황하며 휩쓸려 가는 경우들이 종종 발생한다.

나도 한창 혈기왕성하던 시절, 의도치 않게 조직생활을 6개월 남짓 했던 적이 있다. 주먹세계 말이다. 사실 이 이야기를 공개하느냐 마느냐를 두고 무척 망설였다. 어떻게 보면 나의 치부가 될 수도 있기 때문이다.

변명하자면 그때 나는 젊었고 사리를 충분히 판단하고 분별할 수 있는 나이가 아니었기에 독자들이 하나의 에피소드로 이해해 줄 수 있다고 여겨 그냥 털어놓기로 한다. 책에 좋은 이야기, 성공한 이야기만 늘어놓고 잘못하고 실패한 이야기들은 숨긴다면 책 저자로서 바른 태도가 아니라고 생각한다.

나는 대학에 들어가지 못하고 재수를 하다 나이가 차 영장을 받고 군에 입대했다. 따라서 매사에 불만이 가득했던 나는 군 생활도 사실 모범적이지 못했다. 군대에서는 암호병으로 근무했는데 여러 번 부대에서 사고를 쳐 이를 무마하느라 애를 먹기도 했다. 이유는 상급자들의 구타 때문이었다. 당시엔 그런 일이 비일비재했다. 특히 지역 간 갈등이 심했다. 나의 상급자들은 전라도 출신들이 많았다. 나는 경상도 출신이라는 것과 키가 크다는 이유로 선임들의 타겟이 되었다.

자대에서 구타를 당해도 서러운데 파견 가서까지 상급자들에 구타를 당하면 당시 나의 성격으로는 용납할 수 없었다. 그러면 참지 못하고 아무도 없는 곳으로 끌고 가 반죽음이 될 만큼 두들겨 주었다. 이른바 계급장을 떼고 맞짱 떴던 것이다. 그러나 군대는 규율이 엄중한 곳이었기에 거의 내가 나중에 혼쭐이 나곤 했다.

1981년 제대를 하고 서울로 올라와 대학입시를 다시 준비하던 때였다. 당시 명동은 한국에서 제일 번화가였다. 지금은 압구정동이나 청담동, 홍대 앞 등이 명소로 이름을 날리지만 이때는 패션 1번지가 명동 한 곳이었다. 멋쟁이들은 명동에 다 모였다.

멋있고 예쁜 것을 좋아하는 나는 시간이 나면 명동을 나와 이리저리 기웃거렸다. 그날도 명동에 나와 돌아다니다 여성용 액세서리를 파는 좌판 앞에 멈추어 섰다. 나는 미술을 전공하려 했던 만큼 액세서리라도 예쁜 것을 보면 잘 살펴보고 정말 마음에 들면 물건을 사야 직성이 풀렸다. 새로운 것들을 드로잉해 보는 게 큰 재미였다.

요즘은 모르겠는데 당시만 해도 명동 노점상들은 폭력조직들의 관리를 받고 자릿세를 냈던 것 같다.

내가 좌판 앞에서 액세서리들을 쳐다보고 있으려니 물건을 판매하던 한 젊은 청년이 나를 흘깃 쳐다보며 '남자는 꺼져라'라고 말했던 것 같다. 나는 처음엔 내게 하는 말이라 생각하지 못했기에 잘 못 알아들었다. 아마 여성용 액세서리를 파는 곳에 남자가 서 있으니 장사가 안 된다고 판단했던 것 같기도 하다.

말뜻을 못 알아들은 나는 계속 액세서리를 살펴보았고 좌판에 있던 그 젊은이는 내가 자기 말을 무시한 채 계속 서 있다고 여기게 된 것 같다. 내 또래로 보이는 그 청년이 갑자기 내 옆으로 다가오더니 다짜고짜 정신이 번쩍 나도록 뺨을 한 대 때리는 것이었다.

"이 새끼가 가라는데 안가고 버텨? 너 죽고 싶어?"

뺨이 얼얼해지는 것을 느끼면서 갑자기 나의 분노지수가 급상승했다. 군대에서 제대한 지 얼마 안 되었기에 아직 군기가 살아 있을 때였다. 옷도 군복에 검정 물을 들인 야전 점퍼를 입고 있었다. 난 참을 수 없었다. 한바탕 붙어야 한다고 생각했다.

사실 난 어려서부터 싸움꾼이었다. 초등학교 때부터 동네 골목대장을 도맡아 했다. 동네에서 매일 싸움을 하면서 이 동네 저 동네로 다니면서 싸움 원정경기를 다녔던 저력이 있다.

나를 때린 그 청년은 조직의 막내 정도였을 것이다. 나는 순식간에 달려들어 주먹과 발차기로 내 뺨을 때린 그 친구를 뻗게 만들었다. 그러자 옆에 있던 다른 조직원들도 가세했고 순식간에 4:1 구도가 됐다.

여러 명과 싸울 때는 철칙이 있다. 내가 벽에 등을 지고 싸워야 하고 먼저 공격을 하는 것이 아니라 공격을 피한 뒤 허점을 잡아 공격해야 한다. 단 한방에 상대를 눕혀야만 다른 상대가 마음대로 덤비지 못한다. 따라서 여러 명하고 싸울 때는 누가 강한지 약한지를 눈으로 선별해야만 유리하고 피해를 줄일 수 있다. 그런 건 코흘리개 때 너무나 많이 싸워 봤기 때문에 주먹만 불끈 쥐면 자연스럽게 나오는 행동이었다.

그런데 이곳은 노상이므로 벽이 있을 리 없었다. 간신히 전봇대를 벽 삼아 싸움이 시작됐는데 내가 워낙 날렵해 거의 맞지 않고 계속 공격을 해 몇 명을 약이 바짝 오를 만큼 흠씬 두들겨 줄 수 있었다.

우리가 싸우는 옆에 전경들이 있었다. 그런데 이들도 싸움을 말릴 생각도 않고 그저 멍하니 구경하고 있었다. 워낙 싸움이 거세게 일어나 끼어들지 못하는 것 같았다. 주먹이 오가다 보니 어떻게 알았는지 멀리에서도 조직원들이 몰려오는 것 같았다. 나는 역부족을 느꼈고 이러다가 잡히면 끝장날 것 같았다. 이럴 때는 도망가는 것이 최고다. 삼십육계, 그보다 더 좋은 전술은 없었다.

나는 몸을 날려 도망쳤고 뒤를 쫓던 이들은 나를 따라잡지 못했다. 나는 가까스로 추격자들을 따돌리고 골목길에 숨어 가쁜 숨을 몰아쉬었다.

이리저리 눈치를 살피다 명동역에서 전철을 탔다. 전철 안에서 몸을 돌아보니 거친 싸움을 한 흔적이 여러 곳에서 나타났다. 군에서 제대해서도 순간적인 혈기를 참지 못해 일을 벌인 것이 후회되었다.

그런데 전철 안에서 누가 나를 계속 쳐다보고 있는 것이 감지됐다. 고개를 들어보니 60대의 한 노신사가 나를 보며 지그시 미소 짓고 있었다. 그는 흰색 정장에 흰 구두를 신고 있었는데 카리스마가 풍겨 나왔다.

그는 내게 다가와 이렇게 말했다.

"자네 아주 싸움 잘하더구먼. 어디서 배웠나?"

나는 깜짝 놀랐다. 내가 조금 전에 한 싸움을 어떻게 보았고 지금 전철까지 같이 타고 있단 말인가. 내가 어리둥절해하자 그분은 명함을 한 장 내밀었다.

"나를 꼭 한번 찾아오게. 만나서 이야기하세나."

그는 이 말만 남기고 몸을 돌려 반대쪽으로 가버렸다.

나중에 알았는데 그는 자유당 시절에 날렸던 폭력조직의 거물인 Y 씨였다. 우연히 내가 명동에서 싸우는 것을 보게 되었고 자신을 찾아오라고 한 것이다. 내가 받아든 명함에는 무슨 건축회사 대표로 기재가 되어 있었다.

이 당시만 해도 이 사건을 아무런 생각 없이 지나쳤기에 그냥 흘러갔을 사건이었다. 그런데 나중에 옷을 세탁하다가 주머니 속에서 명함을 발견하고 심심한데 한번 찾아가 볼까 한 것이 문제를 만들고 말았다.

두세 달이 지나 전화를 걸었음에도 그분은 나를 바로 기억했다. 사무실로 오라고 해 갔더니 일반 건축회사 사무실과 달리 좀 허술했고 이른바 조직원들로 보이는 스포츠형 머리의 청년들이 여럿 보였다.

"반갑네. 왜 이리 전화를 늦게 했나. 기다렸는데. 자네가 명동에서 열 명을 상대로 싸워 이겼다는 소문이 났네. 어때, 가끔 내 일을 좀 도와 보겠나."

나는 그 분위기에 눌려 반대 의사를 밝힐 수 없었다. 한편으론 호기

심도 일었다. 그는 며칠 후 양복을 잘 입고 다시 오라고 했다. 이때만 해도 나는 이곳이 암흑가의 '조직'인지 확실히 몰랐다. 건축업을 돕는 일이라 여겼는데 그것이 아니었다. 졸지에 나는 보스인 Y 옆에 함께 다니는 직급의 대원이 되고 말았다. 대학생이란 점도 여기에 어필했는지 들어가자마자 Y의 측근으로 다니게 된 것이다. 이때 나와 같이 행동대원을 한 친구가 지금 이 조직을 이끄는 C 씨다. 그는 학창시절 권투를 했는데 국내 챔피언까지 지냈다. 눈이 부리부리하고 의리로 똘똘 뭉친 친구다.

C와 나는 Y를 보필하며 필요할 때 함께 움직였다. Y가 뜨면 수십 명의 조직원들이 90도 인사를 하고 깍듯이 모시는 것을 보며 한창 젊었던 때라 제법 재미가 있었다. 나 역시 마치 뭐라도 된 양 으스대었다.

Y를 따라 일본에도 간 적이 있다. 일본 야쿠자들이 Y를 맞기 위해 나리타 공항에 나와 최고의 예우로 대접했다. 영화에서 보았던, 조직원들이 다다미방에 일직선으로 앉는 모습도 일본에서 직접 목격했다.

나는 너무 어린 나이에 어둠의 세계를 알게 된 것이다. 마음 한구석에서 내가 계속 이러면 안 된다는 의식이 자꾸 비상벨을 울렸지만 그 세계의 달콤함에서 벗어나지 못했다.

그러던 어느 날, 내 젊음이 이대로 흘러가게 내버려둬선 안 된다는 자의식이 강하게 발동했다. 이 생활이 옳지 않다는 것을 자꾸 자각하게 되면서 이제 이 생활을 청산해야 할 때가 되었다고 생각했다.

그러나 조직에서 나가겠다는 것은 배반을 의미하는 것으로 이에 따른 응징도 있던 시절이었다. 얼핏 듣기로 조직에서 나가려면 손가락이나 발가락 하나를 잘라야 한다고도 했다.

나는 고민이 되어 잠을 잘 자지 못했다. 마침내 긴 설득으로 친구 C 의 중간 도움을 받아 나는 잠시 몸담았던 조직 세계에서 간신히 빠져나올 수 있었다. 나와 같이 활동했던 C는 이제 조직의 대표가 되어 여러 사회봉사사업도 펼치며 잘 지내고 있는 것으로 안다. 나 역시 과감하게 빠져나오지 않았다면 그와 비슷한 생활을 하고 있을지도 모를 일이다.

인생은 이처럼 어떤 길을 가느냐에 따라 희비가 엇갈리고 성공과 실패가 좌우된다. 내가 곁길로 잠시 한눈을 팔았지만 제자리로 돌아올 수 있었던 것은 정말로 잘한 일이 아닐 수 없다.

언젠가 점잖은 손님들과 호텔에서 담소하던 중 예전의 조직 후배들이 나를 발견하고 90도 배꼽인사를 하며 반겼던 적이 있다. 너무 무안했고 함께 있던 분의 놀라던 표정을 잊을 수 없다.

내가 한국과 미국의 많은 사람과 쉽게 어울리고 또 쉽게 친해지는 이유는 이런 생활까지 해 본 다양한 경험 때문이 아닐까 생각해 본다.

인생은 단맛과 쓴맛의 연속이다. 갖가지를 맛본 사람들이 느낄 수 있는 감정들을 모두 소화해 낼 수 있는 것은 결국 그 상황을 체험하고 느껴야만 가능하다. 이런 점에서 난 교수이자 예술인으로서 많은 경험을 거칠 수 있었던 것에 감사한다. 그리고 이 체험의 영역들은 나중에 미술 작품으로도 자주 표현되곤 했다.

나는 지금도 가끔 6개월여 조직에 몸담았던 그 시절을 떠올리면 절로 쓴웃음이 피어나온다. 이러한 경험도 나의 인생에서 좋은 밑거름이 되었음을 감사하게 생각하려고 노력하고 있다.

# 러브스토리, 사랑과 전쟁

하나님께서 내게 '네가 가장 감사하게 여기는 게 무엇이냐?' 고 묻는다면
나는 서슴없이 '아내를 배우자로 만나게 해 주신 것입니다.' 라고 답하겠다.

하나님께서 내게 '네가 가장 감사하게 여기는 게 무엇이냐?'고 묻는
다면 나는 서슴없이 '아내를 배우자로 만나게 해 주신 것입니다.'라고
답하겠다. 나의 삶은 아내의 도움과 기도 없이는 결코 여기까지 올 수
없었다.

내가 고등학교를 졸업한 1970년대 중반, 대학입시는 전체적으로 시
험을 치르는 1차 예비고사가 있고 2차로 본고사가 있는 제도였다. 그
리고 예비고사 성적과 학교 내신성적(1등급에서 15등급)이 합해져 대학
에서 합격자를 선별했다.

고등학교 시절에 그림만 그리고 신 나게 놀았던 탓에 나는 입시에
실패했다. 그 당시에는 고교 졸업생에 비해 대학 정원이 너무나 적어 예
비고사를 실시해 1차로 걸러낸 뒤 입시 자격을 주었다. 그래서 재수생이

워낙 많아 '재수는 필수 삼수는 선택'이라는 말이 유행했다.

부산에 살던 나는 서면에 위치한 재수학원 종합반에 등록하고 대학 다니는 동기들이 볼까 봐 머리를 푹 숙이고 다녔다. 당시 고등학생들은 머리를 짧게 깎았기에 재수생들은 마치 대학생처럼 보였고 그렇게 행세하는 재수생도 많았다.

내가 순진했는지 오기였는지 모르지만 대학생인 척 머리를 기르고 싶지는 않았다. 그래서 아예 고교생처럼 짧은 스포츠머리도 아닌 중처럼 삭발했다. 그리고 오로지 공부에만 힘을 쏟았다.

그러나 재수를 했어도 서울 명문 대학을 가지 못했다. 나는 삼수를 선택했다. 이제 삼수가 마지막 기회였다. 대학 재학증명서가 없으면 군 복무 연기가 안 돼 입대해야 했다.

아내 이영미를 처음 만난 게 삼수 시절이었다. 어느 여름날이었다. 당시 재수생들도 반을 나누어 공부했는데 눈이 커다란 다른 반 여학생이 우리 반을 찾아와 친구랑 이야기하고 있었다. 속닥거리는 소리에 신경이 쓰인 나는 참다못해 그 여학생에게 쏘아붙였다.

"억수로 시끄럽네. 그만 좀 떠들고 나가라. 공부 쫌 하자."

내 말에 옆 반 여학생은 얼굴이 홍당무가 되어 뛰쳐나갔다. 대화를 나눈 두 사람은 고등학교 동문이었다. 나는 우리 반의 반장을 맡고 있었다. 시작종이 울리면 정리정돈을 해야 했고 교사가 오면 단체 경례를 시켜야 했다. 그래서 의무감에 조용히 하라고 했던 건데 그 여학생 입장에서는 몹시 무안했을 것이다. 나는 본래 목소리가 큰 편이라 다른 학생들도 깜짝 놀라 그녀를 쳐다보았었다.

그 뒤로 눈이 큰 여학생은 가끔 복도에서 나를 마주치면 고개를 홱

돌리곤 했다.

생각해 보니 쉬는 시간에 친구랑 이야기 좀 나누었기로 내가 지나치게 창피를 준 것 같았다. 나는 기회를 봐서 조용히 사과하기로 마음먹었다.

어느 추운 날, 야간공부를 하다 출출해진 나는 학원 식당을 찾았다. 학생들은 주로 떡볶이나 뜨끈한 어묵을 사 먹었다. 나도 주문을 하려는데 저쪽에 내가 무안을 준 그 여학생이 앉아 있었다. 나는 좀 망설이다가 조심스레 말을 건넸다.

"아, 오랜만이네요. 저번의 일은 사과합니다. 이제 우리 사이좋게 얼굴 대합시다."

그녀는 전혀 사과를 받아들일 기세가 아니었다.

"참 웃기고 있네요!"

그녀는 아직도 화가 풀리지 않은 것 같았다. 나를 쳐다보지도 않은 채 어묵 국물을 천천히 마시더니 자리를 떠나 버렸다. 이번엔 내가 무안했다.

그래도 내가 진지하게 사과를 해서인지 그녀는 복도에서 나를 만나도 예전처럼 고개를 돌리거나 눈을 흘기진 않았다.

나는 학원에서 성적이 상위권이었음에도 대입시험에 또 낙방했다. 담당 학원 선생들은 내가 웬만한 대학은 무난하게 합격할 실력이라 했지만 결과는 실패였다. 정작 중요한 때에 실력발휘가 안 되는 것 같았다. 나는 낙담했다.

마음을 달래고자 서면로터리에서 고등학교 선배가 운영하는 미술학원에 놀러 갔다. 그 선배는 서울미대를 졸업한 뒤 화실을 열었다. 고등학교 시절에 나는 미대 지망생이었기 때문에 가끔 그곳에 가서 그림을 그리곤 했다. 나는 미대에 가기를 간절히 원했는데 집안의 강력한 반대를 이겨낼 수 없었다.

놀랍게도 오랜만에 찾아간 미술학원에 바로 그 눈이 큰 여학생이 있었다. 그녀가 미술대학에 진학하려 한다는 것을 나는 이곳에서 처음 알았다. 나는 다시 자연스럽게 그 여학생에게 말을 걸어 대화를 유도했고 비로소 자연스럽게 대화도 하고 가깝게 지내게 되었다.

이 때문에 미술학원에 갈 때마다 그림을 그리고 있던 그녀를 만나게 되었다. 그녀는 나를 처음엔 좀 불량하게 봤는데 전혀 그렇지 않고 착실하다는 것을 새롭게 알게 됐다고 했다.

그해 그녀는 대학진학을 했고 나는 입대 영장을 받았다. 영장을 받고 처량한 마음이 되어 그 여학생에게 정식으로 데이트를 신청해 승낙받았다. 난생처음으로 여자친구를 사귀게 된 것이다.

그녀는 저녁 늦게 가면 아버지에게 야단맞는다고 했다. 가정이 엄해 오후 4시면 우리는 헤어졌다. 우리가 만나던 부산 서면과 그녀가 사는 구포는 당시만 해도 버스로 1시간 가까이 가야 하는 먼 거리였다. 우리는 주로 다방에서 커피 한잔을 마시며 대화를 나누었다. 그러다 보면 헤어질 시간이 금방 다가왔다. 이 달콤한 데이트마저 군 입대 때문에 얼마 가지 못했다.

이렇게 해서 그 눈이 큰 여학생과의 만남이 시작되었고 훗날 결혼까지 해 가정을 꾸리게 되었으니 난 첫사랑과 지금도 사랑하고 있는 행복한 남자다.

군 복무 시절 우리는 편지로 많은 사연을 나누었다. 나는 신병 훈련을 마치고 대구 부대로 배치됐다. 부산과 대구가 가까워 가끔 부산으로 내려가 그녀를 만났다. 군바리와 여대생의 본격적인 연애의 시작이었다. 나는 그녀에게 매일 편지를 쓰고 그림을 그려 정성스럽게 보냈다.

군 복무 34개월을 채운 나는 제대하고 곧바로 학원에 다니면서 다시 공부를 시작했다. 아예 독서실에서 살았다. 그러던 중에 그녀의 집에서는 그녀가 학교를 졸업하면 곧바로 결혼시키려 한다는 이야기를 들었다.

그녀는 나를 만나면 부모님의 결혼하라는 성화가 대단하다고 듣기 싫은 이야기를 늘어놓았다. 그녀는 결혼적령기여서 결혼을 해야 했고 난 쿨하게 헤어져 줘야 했지만 그녀를 놓치기 싫었다.

일단 내가 그녀의 배우자감으로 나서려면 시간이 필요했다. 그래서 우리는 시간을 끌 방법을 생각했고 그녀가 일본으로 유학을 가고 싶다고 부모를 졸랐다.

나중에 알았지만 아내는 부산 구포에서 알아주는 부잣집 손녀딸이었다. 그녀는 일본으로 유학을 떠났고 나는 이제 한국에서 일본으로 러브레터를 보내기 시작했다.

나는 시간만 나면 안부편지와 함께 연필이나 펜으로 그린 그림을 함께 보냈다. 제대 후 대학에 입학한 나는 일본의 그녀에게 여전히 편지를 끊임없이 보냈다.

일 년이 365일이지만 평균 500통 넘게 편지를 보낸 것 같다. 여자친구도 일 년에 100통 정도 답장을 보내 주었다. 우리의 만남과 교제는 이렇게 오랫동안 이어졌다. 나의 군 생활 3년과 그녀의 일본 유학 3년, 그리고 나의 대학 생활 등 연애기간만 10여 년이 지났을 즈음 드디어 그녀에게 결혼이야기를 꺼낼 수 있었다.

여자친구 집에서 나와의 결혼을 반대하는 것은 너무나 당연했다. 특히 장인어른은 나를 아예 만나주지도 않았고 만약 결혼해도 결혼식도 참석지 않을 거라고 단언했다. 딸과 인연도 끊을 기세였다. 소중하게 키운 딸을 장래가 불투명한 녀석에게 시집보낸다고 생각하면 나라도 잠이 안 왔을 것이다. 부모로서 반대하는 것이 충분히 이해가 되었다.

그 당시 난 대학생이었고 전공도 신통찮아 장래성도 크게 없어 신랑감으로 눈에 차지 않았을 것이 분명했다. 반면 여자친구는 일본 대학에서 우등으로 졸업하자마자 당시 소공동 롯데백화점에서 스카우트를 받아 좋은 조건으로 근무하고 있었다.

백화점 사장이 직접 일본으로 건너가 여자친구를 만나보고 백화점에서 디스플레이 책임자로 근무하게 한 것이어서 나름 주가가 아주 높았다. 당시만 해도 한국은 디스플레이(Display)를 전공한 사람이 없었다. 아마도 아내가 처음으로 전공해 한국에 들어온 관계로 더 주목받았던 것 같다.

나는 이 상황에서도 포기하지 않았다. 끝까지 처가의 결혼 허락을 받으려고 부단히 노력했다. '인생은 긴 마라톤이다'란 격언을 생각하며 그녀와 반드시 결혼하겠다는 의지를 불태웠다. 사랑은 쟁취하는 것이다.

오죽하면 장인어른이 "자네 정말로 끈질기네! 거머리같이 붙어서 떨어질 줄을 모르는구먼!" 하시면서 두 손을 들었을까. 지금도 기억난다.

나는 장인어른 방에서 결혼허락을 받으려고 했지만 장인어른이 하도 피하셔서 나중에는 응접실로, 2층으로, 어디든 계신 곳을 줄기차게 찾아다니면서 무릎을 꿇었다. 장인어른이 장독대까지 피하셔서 나도 장독대로 뒤따라가 결국 허락을 받았다. 그래서 나는 '장독대에서 결혼승낙을 받아낸 남자'로 통한다.

사실 이때 처가만이 문제가 아니었다. 우리 집도 내가 지금 공부해야지 장가갈 상황이냐며 결혼을 탐탁지 않게 여겼다. 나는 처가와 우리 집을 오가며 허락을 다 받아낸 의지의 한국인이다.

양가에서 둘이 그렇게 죽고 못 산다니 어떡하느냐며 마지못해 결혼승낙을 해주었다. 안 오시겠다던 장인어른도 결국 결혼식에 참석해 축하한다며 잘 살라고 당부하셨다. 나이는 좀 들었지만 대학 3학년생이 장가를 간 것이다.

아내와 나는 요즘 차를 마시며 부산에서 시작된 옛이야기들을 꺼내놓고 담소한다. 젊은 날의 힘들었던 역경도 이제는 즐거운 추억이 됐다.

# 죽마고우의 축혼가(祝婚歌)

"친구들아! 보고 싶다."

삼수도 실패하고 군대에 다녀와 입학한 순천향대학교 캠퍼스 생활은 기숙사에서 지내는 것으로 시작됐다. 그런데 이곳에 나처럼 나이가 들어 입학한 만학도들이 제법 있었고 나는 이들과 자연스럽게 어울리게 되었다. 전공은 달랐지만 이른바 5총사로 불리며 노땅들이 친하게 뭉쳐 다녔다.

우리는 이름 대신 별명을 불렀다. 의대생이었던 몽땅(김영한), 최고집(최인환), 이빨(박찬근. 안타깝게 이미 별세) 그리고 경영학과 홍진표와 독문과였던 나 이렇게 해서 5총사였다. 그리고 나는 늘 후배(C 군)를 데리고 다니며 학창 생활에 도움을 받곤 했다. 경기도 화성 출신의 그 후배는 노래를 아주 잘했다. 내가 한국에 올 때마다 만나는데 요즘도 작사·작곡을 하며 아주 즐겁게 살고 있다.

C 군과의 만남이 재미있다. 나는 그를 기숙사 룸메이트로 처음 만났다. 내가 나이 든 학생이 있으면 함께 지내게 해달라고 사감에게 부탁해온 친구였다. 맨 처음에 가방 두 개를 들고 방으로 성큼 들어오는데 대머리가 훌렁 까진 분이어서 학부모가 대신 가방 보따리를 들고 온 줄 알았다.

나는 나이가 드신 분으로 알고 일어서 정중히 90도 인사를 했다. 그분도 내게 정중하게 인사를 하는데 가만히 행동을 보니 신입생 같았다. 알고 보니 그는 나보다 3살 어린 후배였다. 그런데 그의 가방에서 책은 나오지 않고 대중잡지로 분류되는 『선데이 서울』과 가수 음반들만 줄줄이 나오는 것이었다. 나는 웃음을 참지 못하고 소리 내어 웃고 말았다. 더욱 신기한 것은 그가 『선데이 서울』을 읽으면서 빨간색, 분홍색 등 야광펜을 사용해 밑줄을 그었다는 사실이다. 공부하듯 주간지를 본 것이다. 참 괴짜인 친구가 아닐 수 없었다.

그때 내 책꽂이에는 서양철학전집, 독일철학책, 중국무협지 등으로 꽉 차 있었다. 교양과목책들도 가지런히 꽂혀 있었다. 반면 C 군 책꽂이는 책 정리를 안 한 채 잡지들이 산더미처럼 쌓여 있었다. 내 책꽂이와는 너무나 대비되었다.

C 군은 학교 기숙사 식당에 가면 교수인 줄 알고 반찬을 항상 후하게 받았다. 현재 수원에서 개인 사업을 하는 그는 내가 한번씩 한국에 방문하면 어떤 일이든 제쳐놓고 공항으로 나오는, 의리 있는 후배다.

나는 이 괴짜 후배와 같은 방에서 3년 가까이 지냈다. 후배는 나에게 영향을 받아 책을 많이 읽게 되었다. 『선데이 서울』이 아닌 문학 전집을 읽기 시작한 것이다. 이때의 영향으로 지금도 한 달에 보통 2, 3권은 탐독 한다고 했다.

　김영한이란 친구는 키가 작아 몽땅이라고 별명을 지었는데 본인은 프랑스 배우의 이브 몽땅이라고 여기며 이 별명을 아주 좋아했다. 리더십이 있고 항상 의과대에서 일어나는 일들을 도맡아 봉사했다. 대전 출신인 그가 나에게 '뱁새'라는 별명을 지어주었다. 눈이 쭉 찢어지고 눈매가 몹시 날카롭기 때문에 지었다고 했다. 그러나 지금 내 눈은 전혀 그렇지 않다. 그 이유는 예수를 영접해 이젠 누가 보아도 수수한 눈매가 되었다. 믿기 어려운 일이지만 누구나 예수를 믿게 되면 얼굴이 선하게 보이고 미남, 미녀로 거듭나게 된다. 내 말이 믿기지 않으면 예수를 믿어보길 바란다. 스스로 확인할 수 있을 것이다.

　김영한은 지금 장항에서 의사로 일하고 있다.

　박찬근은 유난히 치아가 툭 튀어나와서 '이빨'이란 별명을 지어 주었다. 그는 행동파였다. 불의를 보면 가만히 있지 않는 성격에 총학생회장을 지냈다.

　대학 3년 때인 초겨울, 나는 부산에서 결혼식을 올렸다. 당시 대학 친구 최인환은 나에게 시 '축혼가'를 지어 결혼식장에서 은은한 목소리로 낭송해 주었다. 28년이 지난 지금에 다시 이 시를 읽어 보니 감격스럽다. 이 축시대로 이뤄진 것 같기 때문이다.

　하나님께서 나를 너무나 사랑하셨음을 더욱 느낀다. 개인적인 축시이긴 하지만 내게는 특별한 의미가 있기에 이 내용을 함께 나누고 싶다.

## 축혼가 (祝婚歌)

지나던 종달새가 지지배배 울고
거리의 활엽수는 자신을 단풍잎으로 변신시키면서까지
오늘은
온통 자연마저 시샘하는
당신들이 시집장가 가는
제일 기쁜 날

그대 두 사람은 새로운 무늬를 짜는 직조공과 베틀.
사랑의 무늬는 페르시아융단보다
더 고운 무늬이어라.
행복의 무늬는 햇빛 머금은 뭉게구름보다
더 다양한 모양이어라.

당신들의 사이는
푸른 제복이 흐리게 만들지 못했으며
현해탄이 가르지 못했으며
명예와 황금이 부수지 못했으니
고통을 씹고서 잉태되는
깊은 바닷속 진주알이어라.

그대 신랑은

새로운 항해를 시작하는 항해사라오.

세상은 항구에서 보이는 그런

평온한 바다가 아니란 걸 아시오.

거친 바다와 싸워야 하고

뜨거운 태양에도 견뎌야 하고

물속에 감추인 암초도 피해야 하며

지리한 권태의 일상도 조심해야 하오

그걸 이길 수 있게 하는 건

사랑의 밧줄이오.

당신의 밧줄을

조각배에 단단히 묶기를 바라오.


그대 신부는 조각배요.

당신의 성채를 허물려는

거친 세상의 물결이 절대 침수치 못하도록

자신을 늘 단단히 막아주시오.

하지만 지나는 물고기에도 인사할 줄도 알고

인어공주와 바닷속 거북님의 안부도 물을 줄 아는

따뜻한 맘씨도 가져야 할 게요.


인생은 리허설이 없는

오직 한 번 공연되는 연극이라오.

인생이란 단막의 클라이맥스에 오늘

당신들은 선 게요.
당신 두 사람은 그 주인공이요,
세상의 모든 이가 그 관객이라오.
모두가 감동할 수 있는
그런 작품을 만들기를 바라오.
슬프고 외롭고 힘들 때
늘 이 날을 되새기기를 바라오.

산이 높은 건 골이 깊기 때문이요
사랑이 고귀한 건
고통과 희생이 크기 때문이라오.
사랑은 하나님이 우리에게
영원을 보여주는
유일한 창,
그 창을 통해
당신들은 오늘이 영원으로 이어지리오.

- 정한의 결혼을 축하하면서 1985.11.28. -

이 시를 쓴 최인환은 다리가 불편한 장애를 가지고 있었다. 그러나 그는 언제나 밝고 긍정적이었다. 기독교적인 환경에서 자란 독실한 신앙인으로 책에서 슈바이처와 만난 것이 의사가 되기로 결심한 1차 이유였다고 했다. 여기에 고교 시절에 본 TV 아침 드라마 '소망(素望)'에서의 의사 역할도 매력 있었다고 한다.

그는 성경 요한복음 9장 '제자들이 예수께 소경을 보고 누구의 죄 때문이냐고 물을 때 부모나 자신의 죄가 아닌 그분이 하시는 일을 위한 것'이란 말씀에 큰 마음의 위로를 받았다고 한다. 그는 의과대를 졸업하고 결혼해 예쁜 아내도 얻고 아들딸도 얻었다.

그는 원래 보건소장이나 의료선교사가 되고 싶었는데 마산결핵병원에서 결핵과를 맡게 되었다. 그래서 사명감을 갖고 국가공무원인 의무사무관으로 근무했고 근무 중에 폐결핵에 걸리기도 했다고 한다. 보건복지부에서 훈장도 받았다고 들었다.

그는 결국 고향 김천에서 개업해 오늘에 이르고 있다. 글로벌케어라는 NGO에서 봉사활동도 하며 활기차게 사는 것 같아 참 보기가 좋다. 각고의 노력 끝에 의사가 되었고 항상 예수님을 닮으려는 삶을 살아가는 그에게 신앙의 도전을 받는다.

경영학과를 졸업한 홍진표는 아직도 소식이 없다. 혹시 이 글을 읽게 된다면 꼭 연락을 달라고 말하고 싶다.

대학 시절 우리 5총사는 학교에서 가까운 산에 올라가 삼국지에 나오는 도원에서 의형제를 맺은 유비, 관우, 장비처럼 우정을 다짐했다. 우리도 창호지에 제법 그럴듯하게 이름을 적어 5명이 산꼭대기에서 맹세했다. 우정 변치 말자고. 지금 생각하면 우습지만 그 시절이 그립다. 그때 창호지에 빡빡하게 한자들을 적었는데 몽땅이 붓으로 폼 잡으며 썼다. 5총사를 떠올리면 지금도 흐뭇한 미소에 입꼬리가 절로 올라가게 된다.

"친구들아! 보고 싶다."

# 종교전쟁에서 승리한 아내

아내는 더 놀라운 이야기를 들려주었다. 너무나 고통스러웠을 때는 차라리
제 목숨을 거둬가고 남편을 구원시켜 달라고 기도했다는 것이다.

우리 집안은 본(本)이 합천(陜川) 이(李)씨다. 비교적 평범한 양반 집안
이었고 이 지역이 다 그러하듯 예로부터 전통적인 불교를 믿어왔다. 사
실 한국은 전통적으로 집안 내력에 불교를 믿는 집안이 상당수를 차지
한다. 그런데 우리 집안 내력은 특히 불교와 깊은 연관을 맺고 있었고
나름대로 불심(佛心)도 깊었다.

부모님은 절에 시주하는 걸 아끼지 않았다. 나는 이 모습을 어려서
부터 보며 자랐다. 절에 가면 넉넉한 돈 봉투를 시주했고 스님들을 예
사로 보지 않고 꼭 집으로 초대해 제대로 한상 차려 드리는 것을 볼 수
있었다.

나는 어릴 때 길에서 스님을 만나면 합장하는 것을 전혀 이상하게
여기지 않고 그렇게 하는 것으로 알고 자랐다. 불교계의 얼굴로 널리 알

려진 성철 스님도 본이 합천 이(李)씨다. 이미 우리 종친에 널리 알려져 해인사에 가서 직접 만나볼 기회도 있었다. 어릴 때 집안에서 밤새 굿을 하는 일도 흔히 있었고 집안 제사가 남달리 많아 밤늦게 제를 올리는 것에도 익숙해 있었다.

아내는 부산 구포에서 유명한 윤 씨 집안 출신으로 온 가족이 크리스천이었다. 이 집안은 제사를 전혀 드리지 않고 대신 추도예배로 대신 했다. 그러니 내가 명절에 처가에 가면 이해할 수 없는 모습을 보곤 했다. 이는 아내도 우리 집에 와서 마찬가지였을 것이다.

우리 집안은 친지들이 제사 때마다 모여 덕담을 하고 제사를 지냈다. 여자들은 부엌에서 제사음식 장만에 여념이 없었고 남자들은 방에서 창호지에 돌아가신 분들의 이름, 즉 지방을 적으면서 대화를 이어갔다. 자정에 드리는 제사도 아주 옛날 풍 모시옷을 차려입고 고깔 같은 긴 모자를 쓰고 예법에 맞게 제사를 지냈다.

반면 처가의 추도예배는 아주 싱거웠다. 보통 날짜와 시간은 탄력 있게 조정해 언제여야 한다는 생각을 하지 않았다. 친지들과 함께 모여 예배 후 대화하고 식사한 뒤 모두 일상으로 금방 돌아갔다.

결혼하기 전에 나는 제사에 대해 부담이 없었고 친지들에게 용돈이라도 타게 되니 오히려 기다리곤 했다. 그런데 결혼 후에는 이 제사가 나에게 엄청난 고통을 가져다주기 시작했다.

그 이유는 아내 때문이었다. 제삿날에 모처럼 큰맘 먹고 서울에서 큰집이 있는 부산으로 내려가면 아내가 여러 형수들과 부엌에서 요리 만드는 일을 도와야 했다. 그런데 이 일은 하는데 정작 제사 때에는 아내만 혼자 부엌에서 아예 나오지 않았다. 신앙인으로서 제사 절차를 함께 할 수 없다는 신앙적 소신 때문이었다. 아내는 자신이 제사에 동참할 수 없다고 무 자르듯 분명히 말했다. 기독교 관점에서 보면 조상에게 절하는 것은 결국 우상을 숭배하는 것으로 간주한다고 했다.

신혼 때는 종교가 달라도 서로 잘 이해하면 큰 어려움이 없다고 생각했다. 연애시절 데이트할 때 아내는 꼭 고개 숙여서 식사기도를 했고 나는 그 모습을 크게 불편해하지 않았다. 그러나 결혼을 한 후 시간이 흐를수록 종교갈등은 엄청난 어려움으로 밀려왔다. 나는 우리 부부만 아니라 가족 전체가 결부된다는 사실을 간과한 것이다. 따라서 명절이나 제삿날에 서서히 가족 친지들과 교분이 멀어질 수밖에 없었다.

나중에는 나 혼자만 제사에 참석하게 되는 일이 잦았다. 아내가 시집식구들과 융화되지 못하니 같이 내려올 수가 없었다. 친지와 가족들은 예수 믿는 아내를 공격했고 나는 아내가 어려움을 겪지 않도록 아예 제사에 오지 않도록 배려한 것이다.

나는 서울에서 사업하면서 어설프게 정치에도 가끔 몸담게 되었다. 그래서 일요일이면 10~15명 정도 뜻을 같이하는 동지들과 늘 등산을 갔다. 더구나 내가 모시던 정치인 서석재 선배는 당시 전국불교신자협회 회장을 맡고 있어 이 산행은 나름대로 중요한 정치 행보가 되었다. 전국 사찰을 누비고 다녔고 우리 일행이 절을 배경으로 찍은 사진들을 집에다 자랑스럽게 걸어두곤 했다.

그런데 어느 날 퇴근해 커피를 마시면서 벽에 걸린 사진을 보니 전혀 다른 사진이 걸려 있었다. 내가 소중히 여기던 사진은 온데간데없었고 웬 흑백사진이 걸려 있었다. 검은 수염이 달린 서양남자의 사진이었다. 나중에 알았지만 그것은 예수님 사진이었다. 나는 아내에게 벌컥 화를 냈다.

"아니, 내가 산에서 찍은 사진은 어디 있어요?"

그런데 아내는 미안한 표정을 지으며 점잖게 대답했다.

"미안한데요, 절을 배경으로 찍은 사진이라 제가 버렸어요."

나는 내 귀를 의심하면서 다시 반복해 물어보았지만 대답은 똑같았다. 오히려 예상치 못한 말을 꺼냈다.

"여보, 우리 이제 함께 교회에 나가요. 부부가 신앙이 같아야지요. 저도 기다릴 만큼 기다렸고 당신을 위해 기도도 많이 했어요. 우리 함께 예수 믿어요. 나머진 제가 더 잘할게요."

나는 너무나 어이 없고 화가 나서 이성을 잃고 말았다.

"나랑 상의도 없이 사진을 버려도 돼? 제발 정신 좀 차례!"

나는 철썩 소리가 날 정도로 아내의 뺨을 한 대 때렸다. 그리고 휑하니 밖으로 나와 버렸다. 과격한 내 행동이 스스로 무안해 밖으로 나왔지만 사실 갈 곳이 없었다. 동네 포장마차에서 혼자 소주잔을 기울였다.

아내는 종교가 다르지만 삶은 나보다 훨씬 바르고 빈틈이 없었다. 아내로 부모로 며느리로 조금도 빠지는 부분이 없었고 직장생활까지 열심히 해 가계를 도와 온 아내였다. 그런 그녀에게 손찌검한 내가 후회스러웠다.

종교전쟁은 이후에도 몇 번 더 벌어졌다. 추석을 앞두고 우리 부부는 부산으로 내려가다 제사 문제로 또 한 번 크게 다투게 됐다. 말다툼이 커지면서 감정이 격해졌다. 나는 달리고 있던 차를 바로 급정거시켰고 차 문을 벌컥 연 뒤 아내한테 밖으로 나오라고 고래고래 소리 질렀다. 뒤따라오던 차들이 우리를 향해 일제히 경적을 울려댔다.

이렇게 갈등을 빚다가 지친 나는 결국 아내에게 최후통첩을 보냈다.

"여보. 당신이 불교로 개종하든지 아니면 이혼을 하든지 둘 중에 하나를 선택해요. 나도 이제 도저히 못 참겠소."

내 목소리가 심상치 않다고 느낀 아내는 딱 한 달만 여유를 달라고 했다. 한 달 뒤에 대답하겠다고 했다. 나도 그 정도는 기다려 줄 수 있을 것 같았다. 나는 이 한 달 동안 아내에게 감동을 줘 완전히 개종시킬 계획을 차분하게 세웠다. 아내에게 흠 잡힐 수 있는 일을 하지 않고 조심스럽게 지냈다.

마침내 한 달째가 되는 날이 돌아왔다. 그녀의 '선언'을 듣는 날이 되었다. 나는 백화점에서 아내에게 줄 비싼 겨울 코트 한 벌을 큰맘 먹고 장만했다. 또 동네 빵집에서 아내가 좋아하는 빵을 사오고 비엔나커피를 끓여 분위기를 조성했다. 나는 식탁 위에 정성껏 다과를 차린 뒤 아내가 퇴근하길 기다렸다. 그동안 종교 때문에 서로 갈등이 생겨 우리 가정이 화목하지 못했던 것이 사실이었다.

이제 아내가 개종하면 우리 가정은 훨씬 달라지리라 기대했다. 아이들에게도 더 신경을 쓸 수 있을 것 같았다. 그래서 주일이면 아내는 교회를 가지 않고 나와 함께 등산 다니면서 막걸리도 함께 마시고 즐겁게 지낼 상상을 했다. 나는 혼자 미소를 지으며 흐뭇해했다.

드디어 아내가 현관문을 열고 들어왔다. 집안 청소도 깨끗하게 잘해 놓고 분위기 있게 식탁을 차려 놓은 것을 보고 아내는 기분이 좋은 것 같았다.

난 아내의 표정만 보고 '이젠 됐구나!' 싶었다. 아내는 내가 미리 준비한 선물을 받고 아주 행복한 표정을 지었다. 나는 개종하겠다는 말이 언제 나올까 침을 삼키며 기다렸다. 드디어 아내는 한 달간 유예했던 종교에 대한 의견을 정색하며 피력했다.

"여보. 정말 미안해요. 전 아무리 생각해도 예수님을 못 버려요. 제 삶에서 예수님을 믿지 말라는 것은 죽으라는 것과 같아요. 당신이 개종하지 않으면 이혼을 한다고 하셨는데 전 당신을 사랑하지만 예수님만은 버리지 못해요. 설령 이혼하더라도요."

아내의 목소리는 아주 차분했다. 나는 망치로 세게 한 대 맞은 것 같았다. 전혀 예상 밖이라 멍하니 아내의 얼굴을 쳐다보았다. 내가 할 말이 없었다. 이혼하더라도 예수님을 버리지 못하겠다는데 더 이상 무슨 말이 필요할까. 화도 나지 않았다.

나는 냉수를 한 잔 마시고 정신을 가다듬었다. 그리고 곰곰이 생각해 보았다.

'만약 내가 아내라면 종교를 버리는 대신 남편을 버리겠다고 말할 수 있을까? 나는 저런 신앙을 과연 가질 수 있을까?'

아내가 정말 대단하다는 생각이 들었다. 저렇게 아내를 꼼짝 못 하게 하는 기독교라면 정말 그 속에 무언가 있지 않을까 싶기도 했다. 공부도 할 만큼하고, 모든 면에서 명철한 아내가 믿는 하나님이라면 오히려 내가 개종해도 될 거라는 생각이 불현듯 들었다.

나는 아내에게 그 자리에서 선언했다.

"내가 졌소. 이젠 내가 당신에게 불교인이 되라고 하지 않겠소. 오히려 내가 예수를 믿겠소이다. 대신 나도 얼마간 시간을 주시오."

아내는 내 말에 금방 눈물을 글썽이며 감격해 했다. 결국 나는 혹 떼

려다 혹 붙인 격이 됐다.

이후 정말 나는 아내와 약속한 대로 교회에 나가게 되었고 살아계신 하나님을 믿고 예수님을 구주로 영접하게 되었다. 나의 신앙은 몰라보게 급성장했다. 주님을 앙망하는 믿음의 신자가 된 것이다.

그런데 나의 이런 변화는 우연히 이루어진 것이 아님을 나중에 미국에 가서야 알았다. 아내의 눈물 어린 기도가 성령을 통해 나를 변화시킨 것이었음을 뒤늦게 알게 된 것이다. 그것은 내가 한 달간 시간을 줄 테니 양단간 결정하라는 나의 선언이 있고 나서부터 아내의 간증은 시작된다.

"당신이 이혼이냐 개종이냐 둘 중 하나를 택하라고 비장하게 말하는데 이번은 그냥 넘어갈 것 같지 않더라구요. 나는 이 한 달 동안 새벽기도회를 다니며 사생결단의 기도를 했지요. 그때 난 당신 넥타이를 하나 제 가방에 넣고 다니면서 시간 날 때마다 붙잡고 기도했어요. 하나님께서 남편을 구원시켜 달라고요. 아마 당신 넥타이에 제 눈물이 흐르고 흘러 몇 번은 적셔졌을 거예요."

아내는 더 놀라운 이야기를 들려주었다. 너무나 고통스러웠을 때는 차라리 제 목숨을 거둬가고 남편을 구원시켜 달라고 기도했다는 것이다. 나는 아내의 이 말을 듣고 가슴이 뭉클했다. 나 역시 새벽기도를 드리며 눈물을 많이 흘렸다. 지금도 이 생각을 하면 가슴이 먹먹해지며 아내의 기도에 감사하게 된다.

나는 이처럼 아내에게 굴복해 예수를 믿게 됐다. 아니, 아내의 기도에 성령님이 내 마음을 움직여 주님의 자녀가 되도록 인도해 주셨다.

나는 생일이 두 번 있다고 어디서나 자랑스레 말한다. 하나는 내가 어머니 뱃속에서 태어난 날이요, 다른 하나는 예수를 만나 진정으로 거듭난 영적 생일이다. 종교전쟁에서 승리한 아내는 완패한 나에게 두 번의 생일을 빠짐없이 챙겨주곤 한다. 태어난 생일, 거듭난 생일을 모두 기념 받는 나는 참 행복한 남자다.

# 회사원에서 사장으로

30대 초반에 사장이란 명함을 내미는 것이 좀 쑥스럽긴 했지만
'젊음'을 무기로 열심히 뛰었다.

대학입학이 남들보다 한참 늦었던 나였지만 대신 사회생활은 보란 듯이 빨랐다. 대학 4학년 때, 충무로에 위치한 일본인 회사 지사격인 '한국 후지필름'에 면접을 보고 입사할 수 있었다.

대학 3학년에 이미 결혼한 나는 서울 잠실 주공 아파트에 전세를 얻어서 신혼 생활한 지 1년 정도 되었다. 연애 10년 만에 꿈에도 그리던 결혼생활이 시작되었지만 우리의 현실은 녹록지 않았다.

입사 전 나는 아침마다 서울 고속버스터미널에서 버스를 타고 1시간 30분 걸려 순천향대학교에 등교했다. 그 시간에 아내는 서울 소공동 롯데백화점으로 출근했다.

아내에게 월급봉투를 갖다 주는 남편이 되고자 대학 3학년부터 열심히 직장을 알아보러 다녔다. 당시엔 사원 공채 광고가 주로 경제신문

에 많이 게재됐다. 여러 곳에 면접을 보았지만 결과가 좋지 않았다. 그런데 한국 후지필름에서 연락이 와 간단한 시험을 치렀고 1:1 면접 후 최종 합격자가 되었다.

영업직원 1명과 무역업무 1명, 달랑 2명을 공채로 뽑았는데 내가 무역담당으로 입사하게 됐다. 이어 대학 졸업도 하고 직장생활에 최선을 다했다. 그런데 이 회사의 구조가 대부분 가족중심체제로 얽혀 있어 내가 아무리 열심히 해도 높은 자리에 올라갈 수 없다는 한계를 느끼게 되었다. 활동적이고 의욕이 넘쳤던 나는 월급쟁이로만 만족할 수 없었다.

뭔가 나만의 사업을 하고 싶다는 생각이 서서히 차올랐다. 영업을 해보니 대인관계에 따른 적성에도 잘 맞았고 무슨 사업을 하던 잘할 수 있을 것 같았다. 이곳에서 부장이라는 직책을 얻고 대우도 좋았지만 내려놓기로 했다.

당시 80년대 중반은 봉제업이 활황이었다. 한국은 아직 인건비가 싸미국이나 일본 등에서 주문한 의류를 하청업체에서 만들어 납품하는 것이 최고로 잘 되던 시절이었다. 이것이 후일 중국으로 다 넘어가지만 이때만 해도 서울 성수동을 중심으로 크고 작은 봉제공장들이 우후죽순처럼 들어서고 있었다.

나도 이 대열에 합류하기로 했다. 대신 싼 의류를 취급하지 않고 비싼 가죽의류만 하기로 했다. 비싸야 단가가 높고 마진도 좋기 때문인데 만약 어려움을 당하면 데미지를 크게 입는 단점도 감수해야 했다.

나는 주위의 도움을 받아 한 봉제공장을 인수해 대현실업이란 간판을 내걸었다. 준비 기간도 없이 회사에 사표를 제출하고 곧바로 전혀 경험이 없었던 가죽봉제공장 사업을 시작하게 된 것이다. 30대 초반에 사장이란 명함을 내미는 것이 좀 쑥스럽긴 했지만 '젊음'을 무기로 열심히 뛰었다.

초창기에는 그럭저럭 사업이 잘되었다. 그런데 제일 힘든 것이 바로 직원관리였다. 성수기엔 생산 인력이 턱없이 부족했고, 비성수기일 때에는 공장의 생산직 인원에 비해 주문량이 너무 적었다.

그러다 보니 사업을 시작한 지 약 2년 만에 더는 버티기 어려워져서 손을 들고 말았다. 결정적으로 미국에 원단을 사서 10만 불어치를 보낸 것이 잘못돼 고스란히 손해로 남으면서 남은 애정마저 식어 버렸다. 생산직 사원을 150명 정도 두었는데 내가 정이 많다 보니 관리에 실패했던 것 같다. 생산직 사원들은 어디서 봉급을 조금이라도 더 준다면 금방이라도 공장을 옮겼다.

첫 사업에서 쓴맛을 본 후 다시 도전한 것이 시계제조공장이다. 바로 사업을 시작한 것이 아니다. 경험 없이 하다 이미 실패를 경험했기에 처음엔 일본인이 경영하는 조그마한 상사에 영업부장으로 입사했었다. 인원이 적은 회사였지만, 당시로는 꽤 많은 물량을 생산해 외국으로 수출해 전망 있는 알짜회사였다. 회사 이름이 '코리아시그마'였다.

그리고 일부 수입도 해서 국내 시판도 했다. 회사의 주인인 후지다 사장은 일본에서 두 달에 한 번씩 와서 약 2주일간 일을 보고 돌아가는 방법으로 회사를 운영했다.

후지다 사장은 가까운 친구를 한국 관리인으로 두었다. 나는 이 회사에 다니면서 대학원에 진학, 본격적으로 '무역'에 관한 공부를 했다. 2년 6개월 동안 열심히 공부했고 외국에도 간혹 나가면서 점차 무역에 눈뜨게 되었다.

회사 입사 3년이 지난 후 후지다 사장은 나에게 회사를 동업하자고 제의해왔다. 나는 회사 규모와 실적 등을 검토하면서 3개월이 지난 후 동업에 합의했다. 일단 전무란 직함을 갖고 시계 세일즈에 본격적으로 나서게 되었다.

1년 후에는 회사 전체를 인수했다. 후지다 사장은 건강이 좋지 않아 사업을 정리한 뒤 일본에서 휴양하고 싶어 했다. 그런데 이 시계사업 역시 처음에 반짝하다 중국의 저가 공세에 힘을 잃기 시작했다.

회사는 시계 수출이 매출액의 90%를 차지했는데, 점차 가격이 싼 중국으로 거래처를 빼앗겨 수출경쟁에서 이겨낼 방도가 없었다. 그래서 국내 시장 쪽으로 눈을 돌렸다. 가격이 싼 홍콩제품을 수입해 백화점을 통해서 팔고, 회사 판촉용으로 시계를 제조했다.

나는 30대면서 주로 50, 60대 사장들과 골프를 치고 술집을 드나들며 접대하곤 했다. 내 나이보다 20, 30살 많은 분들과 지내다 보니 내가 겉늙는 것 같았다. 이때 익힌 대외적인 비즈니스는 이후 내 삶에서 여러 가지로 많은 도움이 되었다.

이 무렵에 재미있는 에피소드가 하나 있다. 내가 살던 서울 강동구 미주아파트에서 친하게 지내는 부동산 사장님이 있었다. 가끔 들러 차를 나누며 담소를 나누곤 했는데 하루는 내게 고민을 털어놓았다.

"이 사장. 내겐 아들이 둘 있는데 큰 놈은 모범생에 좋은 대학을 다니는데 둘째 녀석은 공부완 담을 쌓았어요. 맨날 보컬을 한답시고 돌아다니는데 큰일이에요. 이 사장이 젊고 아이들과 대화가 통할 것 같은데 한번 만나 말려주든지 정말 전망이 있는지 좀 봐주면 안 될까요."

나는 쾌히 그러겠다고 했다. 얼마 후 시간을 내어 둘째 아들을 만났다. 이제 막 전문대학에 들어갔다는 그는 마냥 음악이 좋다고 했다. 노래를 시켜보니 꽤 잘 불렀다. 나는 이 정도라면 가수로 나가도 될 것 같아 격려를 해주고 싶었다.

"노래 잘하는 것 같은데? 한번 이 길로 나가 봐라. 지금 네 소원이 뭐니?"

머뭇거리던 그 친구가 어렵게 입을 열었다.

"저요. 좋은 기타 하나 갖는 건데요."

나는 그 친구를 데리고 명동에 나가 영창악기점에서 세고비아 기타를 한 대 사서 선물해 주었다. 나는 이 친구가 목소리에 개성이 있어 가수로서 가능성을 믿어주고 싶었던 것이다. 부동산 사장님은 내게 아들의 마음을 돌려줄 것을 부탁했는데 그 길로 나가라고 힘을 실어준 셈이 되었다.

이 친구 이름이 바로 「입영열차 안에서」란 노래도 대 히트하고 혜성처럼 가요계에 등장한 김민우다. 김민우는 1990년 1집 「사랑일 뿐이야」라는 노래를 타이틀곡으로 데뷔했다. 데뷔와 동시에 그는 폭발적인 인기를 얻어 일약 스타가 됐다. 타이틀곡 이외에 「휴식 같은 친구」라는 노래가 동반 히트를 기록하면서 그의 1집은 한마디로 대성공이었다.

김민우는 한창 인기를 구가할 때 군에 입대해 인기의 맥이 끊기고 말았고 방송에서도 그의 모습을 볼 수 없었다. 지금은 자동차 딜러로 유명해져서 활발히 활동하고 있고 대학에도 출강하고 있다고 어느 기사에서 본 것 같다.

아마 나를 만나면 무척 반가워할 것으로 믿는다. 나 역시 한번쯤 그를 보고 싶기도 하다.

나는 봉제업에 이어 시계사업도 결국 접어야 했다. 나는 이런 고생과 실패의 경험들이 앞으로 더 값진 인생을 사는 수업료라고 생각한다. 너무 일일이 재고 확실한 것만 추구하며 정확히 계산하는 인생은 재미가 없다. 실패를 두려워하지 않고 뛰어들어 승부를 거는 것에 인생의 묘미가 있다. 병아리가 되려면 알을 깨고 나오는 고통이 있는 것처럼 인생도 한고비 한고비를 넘어서면서 성장하고 발전한다. 아픈 만큼 성숙한다는 말이 진리인 것 같다.

나는 앞길을 재며 전전긍긍하는 젊은이들에게 조언할 때 자주 하는 말이 있다.

"시작해. 질러. 대신 잘 된다는 확신을 갖고 최선을 다해 노력하고 뛰어야 한다. 설사 결과가 기대에 못미쳐도 넌 이긴 거야. 행동으로 옮겨 뛰어든 것만도 넌 이미 경험이란 선물을 받은 거란다."

# 미국 유학을 결심하다

1995년 내 삶은 암울했다. 사업하면서 정치도 한답시고 수년간을 쫓아
다녔지만 결국 나에게 돌아온 것은 아무것도 없었다.

1995년 내 삶은 암울했다. 사업하면서 정치도 한답시고 수년간을 쫓
아 다녔지만 결국 나에게 돌아온 것은 아무것도 없었다.

물론 정치판에 남아 이런 일 저런 일 하면서 나 나름대로 도약을 꿈
꿀 수도 있었겠지만 내가 활동할 수 있는 한계를 느끼게 되면서 이 세
계를 정리하고 싶은 생각이 불현듯 들었다. 지출에 비해 수입도 많지 않
아 가장으로서 당당해지기도 힘들었다.

이런 어느 날, 내가 오래전 이루려다 좌절된 그림공부가 문득 떠올
랐다. 나는 고교 시절 미술반에 들어가 그림을 그리러 다니느라 공부를
등한시했고 이 때문에 대학입시 연속 낙방이라는 혹독한 시련을 만나
야 했다. 당시는 미술대학에 진학하는 것은 훗날 밥 굶기 딱 좋은 것이
라고들 여겼다.

사실 나는 오래전부터 언젠가는 반드시 미국으로 유학가고 싶다고 생각해왔었다. 그러나 이를 실행에 옮기지 못했다. 그 사이 결혼도 하고 아이까지 갖게 되면서 이젠 유학은 물 건너갔다고 체념하고 있었다.

내가 유학을 가려고 했던 이유는 그리 거창하거나 대단하지 않았다. 먼저는 학구적인 의욕, 공부하고 싶다는 생각이 강했다. 그리고 미국의 체계적인 선진교육을 눈으로 보고 피부로 체험하고 싶었다. 느낌으로 깊이 와 닿는 실천적인 부분을 배우고 싶었다.

나는 시계수출 사업을 하면서 외국 출장을 다니다 시간이 나면 꼭 박물관이나 미술관을 방문하곤 했다. 그런 곳에 가야 무언가 뿌듯함을 느끼고 배울 수 있었기 때문이다. 무엇인가를 지적으로 얻는다는 것은 삶의 벅찬 기쁨이었다.

나는 놀기도 좋아했고 당시 골프도 싱글을 칠 정도로 실력을 인정받았다. 반면에 학구적인 면도 강했다. 사업과 정치판을 바쁘게 오가면서도 단국대학교 대학원 무역학과를 다녔고 MBA도 마쳤다.

내가 유학의 꿈을 갖게 된 사연이 하나 더 있다. 고등학교 시절, 나는 독일 철학자 괴테에게 반해 버렸다. 천재인 그의 학문 세계와 철학 세계는 나를 매료시키기 충분했다. 그의 저서는 무조건 찾아 탐독했고 심오하게 펼쳐지는 그의 철학에 깊이 빠져들었다.

이런 영향으로 군 제대 후 대학에 진학할 때 독문과를 선택했다. 졸업 논문도 '괴테의 일생'에 대해 연구해 썼을 정도니 나의 괴테 사랑은 아주 특별했다. 졸업 논문을 준비하던 중에 괴테의 천부적인 면을 더 알게 되었고 점점 더 그에게 빠지게 되었다. 내가 그를 존경하는 또 다른 이유는 그가 아주 다양한 직업들을 경험했기 때문이다.

괴테는 소방서 소장, 외무부 장관, 극장주인, 연극배우, 변호사, 화가, 과학자였고 노벨상의 창시자이기도 했다. 천부적인 재능과 소질로 글도 많이 썼고 아주 많은 경험을 한 당대 최고의 위대한 인물이기에 그의 삶은 내게 도전의식을 불러일으켰다. 그의 다양한 직업에 비하면 나는 아직 더 많은 것을 경험해도 한참이나 모자랐다.

얼마나 그를 생각했으면 꿈에서 그를 위해 초상화를 그린 적이 여러 번 있을 정도였다. 사실 괴테를 더 공부하려면 독일로 유학을 갔어야 했지만 나는 독일어가 약해 갈 생각을 하지 못했다. 그의 다재다능한 천부적인 자질에 반해 그를 닮아보려는 것이 유학을 떠난 또 하나의 이유였던 것이다. 그래서 미국으로 유학을 와서 미술공부를 하면서도 좀 더 깊게 그의 철학을 공부하기도 했다.

'그래 떠나자. 아내와 아이들에게는 못난 남편, 못난 아버지가 되겠지만 더 큰 일을 위해 희생은 반드시 필요하다.'

나는 어금니를 꽉 다물고 이 사실을 아내에게 털어 놓았다. 아내가 반대할 것으로 생각했는데 오히려 격려해주며 유학을 떠나라는 것이 아닌가. 나는 아내가 정말 고마웠다.

내가 유학할 학교를 선택하는 데에는 어머니의 도움이 컸다.

어머니는 오래전 미국 뉴저지에 있는 시튼홀(Seton Hall)대학에서 아시아 역사학 교수 생활을 하셨다. 어머님은 한국에서 6·25동란 직후, 그 해 9월에 배를 타고 약 2개월이나 걸려서 미국으로 공부하러 간 초창기 유학파 여성이다. 이러한 어머니 덕택에 난 간단한 영어시험과 인터뷰를 거쳐 이 학교에 입학할 수 있었다.

사실 나는 미국 유학을 와서 대학원으로 바로 갈 수도 있었고 박사과정(Ph.D)도 할 수 있었다. 한국에서 대학을 졸업(학사)했고 석사 (MBA) 자격증이 있으니 이를 인정받아 대학원에 진학하면 되는 것이었다. 그러나 나는 형식적인 부분에 만족하는 것은 의미가 없다고 여겼다. 졸업장을 따는 것보다 실력을 쌓고 학문적 성취를 얻는 게 더 중요하다고 생각했다.

그래서 미국에 맨 처음 도착해 대학이 아닌 고등학교에 찾아가 나를 받아줄 수 있느냐고 물어보기까지 했다. 고교 시절을 제대로 공부하고 지내지 않아 미국에서 고등학교부터 다니고 싶었다. 그런데 내가 찾아간 그 고교에서도 내 나이를 알고 황당하게 여겼던 것 같다. 그 나이에 고등학교에서 공부하겠다고 했으니 말이다. 그만큼 나는 창피함보다 무엇인가 새로운 것에 도전해 내 것으로 만들겠다는 의욕이 강했다.

우리는 인생에서 내 몫으로 가져가야 하는 부분에 너무 형식과 체면에 치우쳐 진짜 소중한 것을 놓치는 우를 범하는 경우가 많다. 겉이 화려하다고 속이 반드시 알찬 것이 아니다. 겉이 보잘것없어도 속이 알차면 이것이 더 귀한 것으로 대접받게 된다는 사실을 잊어선 안 된다.

나는 이것을 학문 세계에 들어와 너무나 절절히 체험했다. 결국 실력 있는 자가 인생에서 대우받고 승리한다. 내면을 가꾸고 나를 세워가는 일은 너무나 소중하고 귀한 일이 아닐 수 없다. 학문 세계에서는 더더욱 그렇다.

# 무명화가의 롯데갤러리 전시회

드디어 1996년 2월 중순, 롯데갤러리에서 70여 점의 그림을 걸고
전시회를 열게 되었다.

미국 유학을 결심한 뒤 사실 걱정스러운 부분이 많았다.

'과연 내가 이 나이에도 불구하고 미국에서 미술공부를 잘해낼 수
있을까?'

우선 나 자신을 꼼꼼하게 살펴보았다. 그동안 사업한다고 흥청거렸
고 정치한답시고 잘나가는 선배들을 따라다니면서 동분서주하던 나였
다. 매일 밤 폭탄주와 더불어 살았던 내 생활을 모두 다 내려놓고 유학
결심을 한 것은 주변에서 보면 좀 황당한 일이기도 했다. 나로서는 중
대한 결심을 한 것이기에 먼저 나의 재능을 테스트해 보기로 했다.

나는 꼬박 2달 동안 골방에 틀어박혀 그림을 그렸다. 고등학교 시
절 선배들에게 부러진 이젤 다리로 맞으면서 어설프게나마 배운 기억을
되살려 100여 장의 동양화를 그려보았다. 유화는 시간이 오래 걸리기에

화선지에 쉽게 그리는 동양화를 택했다.

그림 소재는 옛날 달력에 있는 중국화, 한국화 등을 참고했다. 거기에 내 나름대로 상상을 더해 화선지에 밤새도록 그리고 또 그렸다. 얼굴에서 땀이 한지에 뚝뚝 떨어지는 것도 모르고 그림을 그릴 정도였다. 정신을 집중해 그리다 보면 아침에 제법 그럴듯한 그림이 최소 한 장은 나오곤 했다.

나는 어설픈 작품들이지만 전시회를 한 번 열고 미국으로 떠나자는 마음에서 이곳저곳 갤러리를 노크했다. 마침 아내가 다니던 서울 소공동 롯데백화점 내 갤러리에 직접 연락을 해 주었다.

갤러리 원장은 이력서와 그림을 가져오라고 하면서 만날 날짜와 시간을 잡아 주었다. 아마 아내의 전화가 아니었으면 무명인 나를 만나주지도 않았을 것이다. 걱정도 되었다.

'이름난 화가도 아니고 더구나 미술을 전공하거나 공부도 하지 않은 내가 어떻게 전시회를 열 수 있을까?'

자꾸 부정적인 생각이 드는 걸 어쩔 수 없었다. 조마조마하던 내게 오히려 아내가 용기를 주었다.

"여보, 우리 기도해요! 모든 것은 주님께서 하시니 도와주실 겁니다."

아내의 이 말은 내게 여간 큰 힘이 되는 것이 아니었다. 철없는 남편이 미국 유학 가는 것을 허락하기도 쉽지 않은데 전시회까지 열도록 기도해 주다니. 아내의 깊은 마음은 지금 생각해도 참 감사하다.

전시회가 열리느냐 마느냐 절박한 상황이라 나는 속으로 기도는 했지만 그 당시에는 어떻게 기도하는지도 잘 모를 만큼 기독교에 대해 잘 몰랐다. 그저 아내에게만 기도해달라고 미뤘다.

면담 날 아침, 아내는 출근하기 전에 아파트 문 앞에서 내 손을 꼭 잡고 기도하자고 했다. 아내의 기도 소리는 힘이 있었고 내 마음에 찌릿하게 다가오는 그 무엇이 있었다.

"주님! 우리 남편을 크게 사용하여 주시고 믿음의 남편으로 바꾸어 주세요!"

나는 현관 앞 기도를 들으면서 '혹시 이웃 중에 누가 들으면 어떻게 하지'란 생각이 들 정도로 신앙심이 없었다. 남들에게 이 장면이 노출될까 봐 겁이 날 정도로 소심했다. 이날 아내의 기도는 따뜻한 느낌을 넘어 아주 극렬하게 뜨거운 그 무엇인가가 느껴졌는데 이것은 후일 내게 믿음의 불씨가 되었음을 부인할 수 없다.

나는 전혀 내세울 것이 없었던 간단한 이력서와 그동안 그린 그림 원본을 몇 장 들고 갤러리 원장을 만났다. 예상대로 이력서와 그림을 보는 갤러리 원장의 표정이 점점 일그러졌다.

"아니, 화가로서 경험도 없으시고 무슨 수상경력이나 특별한 이력이 전혀 없군요."

"네, 그렇습니다. 그래도 제가 여기에서 1주일이나 2주간 전시할 기회를 주시면 안 되겠습니까?"

"글쎄요. 이 갤러리 역사 이래 이런 일은 없었는데요. 아무리 생각해도 힘들겠습니다."

원장은 나를 쳐다보며 단숨에 거절했다. 아내 때문에 만나는 주었지만 아닌 것은 아니라는 표정이었다.

"그러면 어떻게 하면 전시가 가능하겠습니까?"

"롯데갤러리는 보통 1, 2년 전에 예약이 다 되어 있고 더구나 신인작가들은 거의 전시를 받아주지 않습니다."

원장은 롯데갤러리 전시일정표를 내게 직접 보여 주었다. 코앞에 있는 일정표를 보니 한 주도 빠짐없이 전시계획이 차 있었다. 그리고 내가 아는 당시 유명 화가들 이름이 쉽게 눈에 띄었다.

그래도 나는 굴하지 않고 또다시 원장에게 사정했다.

"이번 전시는 저에게 아주 중요합니다. 제가 4월이면 곧 미국으로 유학을 갑니다. 그림공부 하러 갑니다. 경력이 있어야 하는데 어떻게 기회를 한 번 주시면 안 될까요?"

그러나 그것은 내 입장이었고 갤러리 원장은 시간 낭비를 하지 말고 커피나 마시고 헤어지자고 했다. 나는 아쉽고 안타까운 마음으로 자리에서 일어나 집으로 돌아올 수밖에 없었다. 바로 백화점 7층에는 아내의 사무실이 있었지만 기쁜 소식도 아닌데 걱정을 할까 만나지 않고 곧장 돌아왔다.

나는 마음으로 다시 한 번 기도했다.

'하나님. 하나님이 계시면 이번 전시회가 가능하게 해주세요. 제겐 너무 중요합니다.'

내 기도가 응답된 것일까. 놀라운 일이 생겼다. 의외로 일이 쉽게 풀렸다. 어머님의 아는 인맥을 통해 1주일간만이라는 단서를 붙여 롯데갤러리 전시를 하게 되었던 것이다.

딱 비어 있었던 전시회 1주일을 내가 차고 들어간 셈이다. 나는 지금도 이 사건이 하나님께서 아내와 나의 기도를 응답해 주신 것이라 믿고 있다. 미술계에 있는 분들에게 후일 알아보니 당시 이곳에서 전시하는 것은 워낙 수준 있는 이들만 가능해 미술인들에게는 꿈같은 일이었다고 한다.

드디어 1996년 2월 중순, 롯데갤러리에서 70여 점의 그림을 걸고 전시회를 열게 되었다. 이때 충무로에서 스튜디오를 경영하는 사진작가 박상훈 선배가 그림 사진을 정성스레 찍어 제법 멋진 카탈로그를 만들어주었다.

이렇게 해서 난생처음으로 화가도 아닌 햇병아리가 롯데갤러리에서 첫 개인전을 열었다. 전시회 오픈식에는 가까운 많은 지인이 찾아와 나를 격려해 주었다. 모두 깜짝 놀라면서 '언제 이렇게 그림을 그렸느냐'고 했다. 그동안 나를 잘못 본 것 같다며 흥분했다. 내가 사람들과 놀기만 좋아하는 줄 알았는데 이런 예술적 성향이 있다는 사실이 믿기지 않은 듯 했다.

나는 인사 시간에 참석한 지인들에게 이렇게 말했다.

"여러분 감사합니다. 이제 저는 곧 미국으로 유학을 떠납니다. 미국 최고의 아이비리그 대학에서 공부한 뒤 반드시 한국에 돌아와 선진 한국교육의 장을 열겠습니다. 그리고 제가 미국에서 배운 모든 것. 조국을 위해 바치겠습니다."

나는 그럴듯하게 인사말을 했지만 내 말을 듣는 그 누구도 내가 그렇게 되리라는 생각을 하지 않았을 것 같았다. 가까운 나의 학교후배가 한 말이 지금도 기억난다.

"이 선배. 미국 가서 6개월 동안 ESL(어학연수)만 마치고 오시면 일단 성공입니다, 하하하. 그것이라도 마치고 꼭 오세요."

그러나 나를 잘 아는 또 다른 몇몇은 나의 유학을 의아해하면서도 평소 내가 끈기가 있고 도전을 두려워하지 않는 성격이라는 것을 아는 덕에 격려도 해 주었다.

"그래. 이정한 씨라면 가능할 거야. 꼭 해낼 것이니 힘내라고!"

약속대로 또 오랜 기간 준비한 대로 1996년 4월, 당시 김포공항에서 미국행 비행기에 올랐다. 나를 보내는 아내와 두 아이의 마음은 어땠을까. 지금 생각해 보면 마음이 찡해온다. 이날은 천둥 번개가 치고 먹구름이 온 하늘을 덮어 고국을 떠나는 내 마음을 더욱 을씨년스럽게 만들었다.

'그래. 반드시 공부를 마치고 당당하게 귀국할 것이다. 10년 안에 세계 최고의 대학에서 박사학위를 받고 다시 이 땅을 밟겠다.'

비행기가 상공으로 올라가 본격적인 비행을 시작했을 때 맨 먼저 떠오른 것은 사랑하는 아내의 얼굴이었다. 아내는 내게 늘 기도하는 모습으로 각인돼 있었다. 언제나 남편을 믿고 긍정적 언어로 밀어주었고 부족한 남편을 위해 항상 기도를 아끼지 않았기 때문이다.

나는 처음부터 미국에서 박사과정까지 공부하겠다는 생각은 하지 않았다. 그러나
학문의 세계에 점점 진입하면서 어려운 과정을 극복해 성취를 따낼 때마다 강한 희열을 맛보았다.
도저히 안될 것 같았던 것들이 현실로 이뤄지고 열매가 맺히면서 새로운 것에
도전하는 것이 재미도 있었다.

# 2

## 지각 유학생의 거침없는 도전

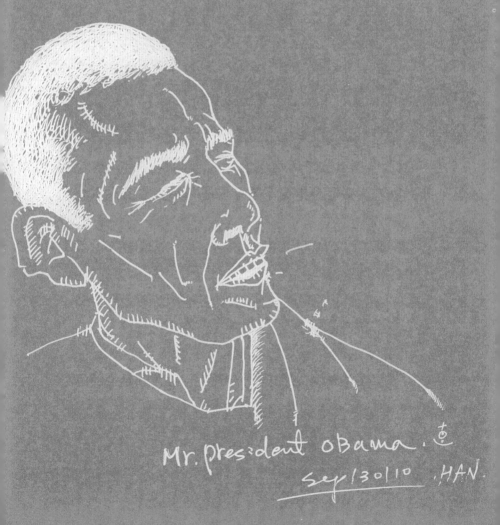

Mr. president oBama. 호

Sep/30/10 .HAN.

# 또 하나의 고향 사우스 오렌지와 시튼홀대학

사계절마다 독특한 아름다움이 있어 이곳에서 공부를 할 수 있다는 것이
얼마나 감사했는지 모른다.

내가 미국에 도착해 처음 입학한 뉴저지 주(州)의 시튼홀(Seton Hall)
대학은 158년 전통을 가진 가톨릭 대학이다. 대학이 있는 뉴저지 주(州)
는 미국 50개 주 중에서 푸른 나무가 특히 많아 정원도시(Garden State
Park)로 불린다. 미국에서 가장 인구가 많은 뉴욕 바로 옆이라 교통도
편리한 편이다.

뉴욕 34번가 펜 스테이트(Penn state) 역에서 NJ Transit 열차를 타면
사우스 오렌지(South Orange) 역에 불과 25분이면 도착한다.

난 대구에서 중학교에 다녔다. 이때 급우 중에는 경산, 밀양 등 시골
에서 기차통학을 하는 친구들이 제법 있었고 난 가끔 그들 집에 놀러
가곤 했다. 이때마다 산과 들, 나무 등 전원적인 풍경에 흠뻑 매료되곤
했었다.

바로 이 사우스 오렌지가 전형적인 시골풍 전원도시로 한국의 고향 풍경을 생각나게 했다. 그 무엇보다 빽빽하게 들어서 있는 나무들이 언제나 내 마음을 흐뭇하고 여유롭게 만들어 주었다.

여기에 미국 특유의 풍취도 물씬 풍기는 조그마하고 아름다운 마을, 사우스 오렌지. 이름도 예쁜 이 마을은 마치 동화책 속에 나오는 '난쟁이들의 동네'를 연상하면 될 것 같다.

봄이면 각양각색의 나뭇가지에 향기로운 꽃들이 만발해 있고, 여름엔 풀벌레들의 울음소리와 함께 녹음이 짙어간다. 가을에는 울긋불긋한 단풍경치가 너무나 아름답다. 겨울이면 많은 눈이 내려 쌓인다. 나뭇가지마다 주렁주렁 매달린 진주보석만큼이나 아름다운 상고대(rime)와 겨울 설경을 쉽게 볼 수 있다. 이처럼 사계절마다 독특한 아름다움이 있어 이곳에서 공부할 수 있다는 것이 얼마나 감사했는지 모른다.

나는 눈이 내리는 겨울에는 두툼한 손 장갑을 벗고 스케치북에 드로잉을 하곤 했다. 입에서 나오는 따뜻한 입김으로 손등을 호호 불면서 아름다운 나무들과 진주 같은 얼음보석들을 스케치북에 쓱쓱 옮겨담았다. 가만히 있어도 달력에 나오는 아름다운 풍경을 계절마다 볼 수 있는 곳이 바로 사우스 오렌지다.

이 마을도 기차역 주변이 중심지인 다운타운이다. 카페와 베이커리, 아이스크림 가게, 식당, 우체국, 소방서, 은행이 자리 잡고 있다. 아침 출근 시간이면 기차를 타기 위해 커피 한 잔과 신문을 사 들고 바삐 역으로 들어가는 사람들, 학교에 가기 위해 기차에서 내려 역에서 빠져나오는 학생들, 팬케이크를 먹거나 커피 마시면서 신문 보는 사람들로 가득 찼다. 언제 봐도 생기가 넘치고 평화와 여유로움이 느껴지는 곳이었다.

동네의 높은 언덕에 올라가면 멀리 뉴욕 시가 한눈에 보였다. 엠파이어 스테이트 빌딩과 9·11 테러로 사라진 월드 트레이드 센터가 높은 위용을 자랑하고 있었다.

가끔 집에서 40분 정도 걸리는 그곳 언덕까지 종종 운동 삼아 뛰어가곤 했다. 이마에 흐르는 땀을 닦으면서 까마득하게 멀리 바라다보이는 맨해튼의 높은 빌딩들을 쳐다보았다. 그리고 나 자신을 스스로 격려하며 용기를 갖자고 다짐했다. 지금은 힘들어도 먼 미래를 보자고 나 자신을 다독였다. 당시 나는 마흔 살이었지만 아직 이십 대 청년이라고 스스로 최면을 걸었다. 무엇이든 잘할 수 있다고 주먹을 불끈 쥐고 허공을 향해 힘껏 소리를 질렀다.

내가 살던 곳에서 남쪽으로 약 30분 정도 차를 타고 가면 영화관이 있고, 바닷가재를 매콤하게 요리하는 중국레스토랑이 있었다. 음식 맛도 좋고 가격도 만족스러워 자주 찾던 곳이다. 화려하진 않지만 백화점과 '던킨도너츠'도 있어 조용히 커피 마시기에 좋았다. 내 손에는 항상 손때 묻은 자그마한 스케치북이 들려 있었다. 그 안에 사우스 오렌지의 예쁜 모습들을 담느라 내 손은 항상 바빴다. 여름에 즐기는 아이스링크와 자그마한 동물원도 있었던 사우스 오렌지. 참 귀엽고 아름다운 도시요, 잊지 못할 마을이다.

유학 생활을 시작한 시튼홀대학은 아담하고 귀여운 캠퍼스를 가진 사립대학이었다. 대학 농구팀이 미국 내에서도 유명한 이 학교 캠퍼스는 전형적인 미국 대학의 모습을 그대로 보여준다. 교문에 들어서면 정문 왼쪽에 고풍스러운 붉은색 벽돌건물이 자리 잡고 있었다. 내가 가장 많은 시간을 보냈던 미술대 건물이다.

봄이면 노랑, 분홍 등 색색으로 단장한 아름다운 꽃나무들 사이에 있는 벤치에 앉아 이야기꽃을 피우거나 잔디밭에 앉거나 털썩 누워 책을 보고 있는 학생들, 수업이 끝나고 다른 수업을 듣기 위해 바삐 이동하고 있는 학생들의 모습이 언제나 여유롭고 아름답게 보였다.

시튼홀대학에는 한국인 학생들도 30여 명 있었다. 반은 한인 동포 2세들이었고 나머지가 유학생이었다. 한국 서강대학교와 결연해서 매년 교환 학생이 한두 명 들어와 공부한다고 했다.

나는 이곳에서 학부수업을 들으면서 부족한 영어를 습득하기 위해 ESL(English as a Second Language) 수업도 함께 받았다. 이 ESL 과정에는 이탈리아에서 유학 온 신부, 아프리카에서 온 수녀, 한국에서 온 신부, 중국과 일본 유학생들까지 다 함께 수업을 들었다. 영어를 가르치는 교수도 인도인, 호주인, 미국인 등 다양했다. 그야말로 다양한 문화권에서 모인 많은 사람이 서로 이야기를 주고받으며 영어도 배우고 다양한 세계 문화를 이해하는 시간을 가졌다.

기숙사에 있는 학생들은 보통 일주일에 한 번 마켓에 가서 일주일간 먹을 장을 보았다. 15분 정도 걸어 나와, 역 근처 마켓에서 물건을 구입한 뒤 양손에 들고 낑낑대면서 기숙사로 걸어가곤 했다.

당시 나는 차를 갖고 통학을 했기에 짐을 든 학생들을 만나면 무조건 차를 멈추고 기숙사까지 바래다주곤 했다. 이런 학생들이 많아지고 친해지면서 아예 시간 약속을 해서 태워주기도 했다. 이들이 고마움의 표시로 나를 자신의 생일에 초대해 주는 일이 점점 늘어났다. 내가 먼저 다가가 섬기면 이것은 반드시 메아리처럼 되돌아온다는 것을 경험을 통해 배웠다.

난 점차 미국 학생들과 친해졌다. 사실 스무 살 가까이 나이 차이가 나는 동생들과 흉허물 없이 지내려면 내가 먼저 다가서는 길밖에 없었다. 점심시간에도 미국 학생들 틈에 일부러 끼어들어 어깨를 툭툭 치면서 함께 점심을 먹었다. 많은 한국 유학생이 미국인들에게 먼저 다가가지 않기에 친해지지 않는다. 먼저 그들 속으로 들어가려는 노력이 중요하다.

시튼홀대학 심벌은 아이러니하게도 '해적(Pirates)'이다. 푸른 색깔의 모자를 쓴, 밉지 않은 얼굴에 애꾸눈을 가진 해적이다. 미국 대학은 각각 재미있는 학교심벌 마크가 있어 흥미롭다.

학교뿐만 아니라 미국인들이 좋아하는 미식축구나 프로야구팀, 농구팀들이 모두 로고와 유니폼이 제각기 아주 특이하고 재미있어 친근감이 느껴진다. 학생들은 평상시에도 티셔츠, 바지를 그 학교 고유의 심벌로 디자인한 옷들을 매점에서 사서 즐겨 입는다. 이런 분위기에 스스럼없이 접하다 보면 동질감과 유대감이 자연스럽게 형성되는 장점이 있다.

나는 자동차로 10분밖에 안 걸리는 통학 방법을 바꾸기로 했다. 당시 학생들에게 유행하던 롤러블레이드를 타고 통학해 보기로 한 것이다. 누가 보면 그 나이에 철도 없다고 했겠지만 머리엔 헬멧, 두 무릎에 보호대를 차고 손엔 노란 장갑을 꼈다. 그 차림새를 지금 생각하면 참 우습기 짝이 없다. 이곳에서 공부하는 이상 미국인들의 문화가 스며들도록 생활하는 것이 당연하다고 여겨 좀 '오버'를 한 셈이다.

이런 가운데 나는 점점 영어도 유창해지고, 발음도 비슷하게 닮아갔다. 내 영어 실력은 하루가 다르게 향상됐다. 학교와 마을의 문화에 점점 동화되면서 미국생활이 점점 익숙해지기 시작했다.

언제 떠올려도 마음이 따뜻해지는 사우스 오렌지와 시튼홀대학, 내 마음속에 간직된 또 하나의 아름다운 고향이다.

# 예술가 산실, 뉴욕스튜디오스쿨

내가 아이비리그 대학에 진학하는 데에 있어 중요한 계기가 된 학교다.

유학 초기 월요일부터 목요일까지 시튼홀대학에 다니면서 금요일 오후부터 일요일까지 뉴욕스튜디오스쿨에서 그림공부를 했다. 이곳 역시 내가 아이비리그 대학에 진학하는 데에 있어 중요한 계기가 된 학교다.

무엇보다 이 학교 학장인 그러앰 닉슨(Grame Nickson)을 만난 게 그림공부에 큰 영향을 주었다. 그는 '예술가 조련사'로 불려도 손색없는 아주 훌륭한 교수였다.

닉슨 학장은 '드로잉' 과목을 가르쳤다. 그의 시간에는 세계 각국의 유명 화가들이 찾아와 밤낮을 가리지 않고 배웠다. 그만큼 그의 명성이 자자했기 때문이다. 그의 수업은 말 그대로 쉬지 않고 2주 혹은 3주까지 지속되는 장거리 경주였다. 그래서 그의 과목은 '드로잉 마라톤'으로도 불렸다.

마라톤 완주를 하기 위해 자기와의 치열한 싸움이 필요하듯, 그의 수업시간을 채우기 위해선 눈물이 질끈 날 정도로 어려움을 겪는다. 그렇지만 나는 그 과정과 시간을 즐기며 기쁘게 감당해 나갔다.

하나의 작품이 처음부터 잘 그려질 때도 있지만, 마음에 흡족하지 않을 때는 그림을 잠시 중단하고 크게 심호흡한다. 그리고 다른 학생들의 작품을 두루 살펴본다. 그런 다음 내 그림의 문제점을 찾으려고 노력했다. 이처럼 뉴욕에서 그림공부를 하면서 인생은 마라톤이라는 사실을 정말 실감할 수 있었다. 그림이 처음부터 좋게 출발하고 잘 그려진다고 해서 끝까지 훌륭하게 마무리된다는 보장은 없다. 인생도 첫 출발이 훌륭하다고 할지라도 인생의 마지막까지 훌륭하다고 보장하지 못한다.

옛날의 위트니스 박물관 건물을 사용하고 있는 이 뉴욕스튜디오스쿨(www.nyss.org)은 아마추어 화가들을 훌륭한 미술가로 만들어 내는 산실(産室)이었다. 지독한 땀을 요구하는 훈련 장소로 명성이 자자하다.

특히 여름철에는 새벽부터 밤늦게까지 땀과 오일이 뒤범벅이 되면서 드로잉과 페인팅 그림 수업을 했다. 이 학교에서의 공부는 나의 예술적 에너지를 한군데로 모으는 데 핵심적 토대를 세워주었다. 더구나 다민족 출신의 동료들과 원만한 관계를 유지할 수 있는 방법론을 배우게 된 것도 큰 수확이었다.

사실 교수들의 비평 시간에는 무슨 말을 하는지 잘 알아듣지도 못하면서, 학생들이 웃으면 웃는 시늉도 하고 심각하면 심각한 척했었다. 나중엔 조그마한 녹음기를 가지고 가서 녹음하고, 집에 가서 다시 들어보았는데 역시나 알아듣지 못하는 건 마찬가지였다.

드로잉 실기 시간. 처음에는 누워 있는 전라(全裸)의 여성 누드모델이 여자로 보였으나, 어느 날부터는 그림 속에서의 또 다른 나로 발견되었다. 이러한 분위기에서 나는 내 나이를 잊어버리고, 젊은 신인 작가들과 함께 어우러졌다.

이 뉴욕스튜디오스쿨의 특징은 세계적인 교수 밑에서 배우면서 자기와의 싸움을 계속 하는 과정이 이어진다는 점이다. 그리고 중간마다 유명한 화가들을 초빙해 각 작품에 대해 아주 예리한 비평과 비판을 해주었다. 학생 한 명 한 명씩 앞으로의 방향을 제시해주는, 그야말로 땀과 싸우는 '예술가 특수부대'였다. 나는 여기서 공부하며 내가 입대해 처음 훈련받았던 논산훈련소가 떠올랐다.

뉴욕스튜디오스쿨은 메르세데스 매터(Mercedes Matter)라는 이름의 여성이 예술가 양성을 위해 전 재산을 기부해 설립된 학교다. 예술가였던 그분은 이제 돌아가셨는데 내가 학교에 다닐 때만 해도 직접 우리를 가르치셨다.

2006년인가 컬럼비아대학에서 박사과정을 공부하던 중에 설립자 매터를 만나러 찾아갔지만 만날 수 없었다. 수업을 늦게 마치고 집으로 가던 중 갑자기 매터가 쓰러져 돌아가셨다고 나의 옛날 친구인 수위가 내게 귀띔해 주었다. 나와 인사를 주고받으며 급속히 친해졌던 수위는 여전히 길고 흰 수염을 휘날리며 매터의 갑작스러운 죽음에 안타까운 표정을 지었다.

뉴욕의 한 무명 호텔에서 일하던 요리사가 그림을 배우고 싶어 뉴욕스튜디오스쿨의 딘(Dean) 선생을 찾아왔다. 학교에서는 전액 장학금을 줄 테니 학교에서 수업을 끝내고 빵을 구워 학생들에게 대접하라고 했다. 그 학생에게 배움의 기회를 주고 학비도 해결하도록 도움을 주었던 기억이 난다. 그 요리사는 우수한 성적으로 이 학교를 졸업하고, 뉴욕의 어느 대학에서 학생들을 가르치고 있다고 동창들로부터 소문을 들었다.

내가 뉴욕스튜디오스쿨에서 그림 공부를 한 이유는 내가 유명 대학원에 진학하려면 대학 공부만으론 진학이 어렵다는 어떤 교수의 조언을 들었기 때문이다.

사람은 인생의 고비 길에서 누구의 충고와 가이드를 받느냐에 따라 인생이 크게 좌우되는 것을 자주 보아 왔다. 지금 생각해도 그 교수님의 충고를 듣지 않았다면, 나의 대학원 진학과 인생 스토리가 크게 달라졌으리라 여겨진다.

그러므로 남을 위한 말 한마디는 아주 중요하고 큰 영향을 줄 수 있다. 나를 인도하는 타인의 가치관이나 인생관이 좋은 길이냐 아니냐에 따라 인생이 좌우되는 선택을 하게 되기 때문이다. 또 남에게 헌신적으로 도움을 준다는 것은 쉬운 일이 아니며 때론 희생도 따라야 한다.

뉴욕스튜디오스쿨은 교수들과 학생들이 함께 밤늦게까지 크리틱 (art critic 미술 평론)을 한 뒤 저녁식사하면서 토론했다. 학생들에게 용기와 희망을 주었던 아주 훌륭한 학교로 내가 이곳에서 공부한 것이 참으로 자랑스럽다.

미국에서는 열정적으로 도전만 하면 누구에게나 기회의 문이 열려 있다. 처음엔 막막하고 앞이 안 보여도 무조건 달려들면 방법이 나오곤 한다. 동서남북이 다 막혀 있어도 하늘은 항상 열려 있다는 사실을 잊어선 안 된다.

미국에 막 건너간 직후 뉴욕에서 버스를 타고 가다 어느 흑인 부인이 건넨 전도지에 적혀 있던 마틴 루터 킹(Martin Luther King) 목사의 메시지가 내 가슴에 강하게 와 닿았던 적이 있다.

"계단을 오를 때 다음 계단에 대해서 생각하지 말고 그냥 내딛어라."

킹 목사가 말한 꿈과 비전의 성취를 믿고, 열정과 소망을 가지고 삶을 열심히 살아가다 보니 인생전환이 시작되었음을 자신 있게 고백할 수 있다.

나는 나의 첫 수업에 들어온 학생들에게 항상 이야기한다. 학생들의 꿈과 비전에 관해 토론하면서 '미래의 꿈'을 세울 것을 신신당부한다. 이것이 긴 인생에서 매우 중요하기 때문이다.

내게 그림에 대한 열정을 일깨우고 마음껏 그림에 매진하도록 도움을 준 뉴욕스튜디오스쿨. 미술가로 살아가려는 이들에게 이곳에서 공부해보라고 권하고 싶다.

# 뉴욕 34번가 펜실베니아 역에서의 인생 스케치

뉴욕의 거지들은 나의 전속 모델이었고,
지나가는 사람들도 나의 소중한 스케치북 속 주인공이 되었다.

내게 미국 곳곳은 잊지 못할 추억의 장소로 각인돼 있다. 그중의 하나가 바로 뉴욕 34번가 펜실베니아 역이다. 내가 다니던 '뉴욕스튜디오스쿨'을 가기 위해 타고 내리던 역이다. 이미 소개했다시피 뉴욕스튜디오스쿨은 나의 예술세계에 커다란 전환점을 갖게 해 준 곳이다.

나는 여기서 공부하며 깊이 있는 미술의 세계에 흠뻑 빠져 지냈다. 실기를 중시하는 이곳에서 공부하다 보면 마지막 기차를 놓치는 경우가 종종 있었다.

작품에 대한 미술평론 토론이 있는 날도 그렇고, 작업에 열중하다 보면 어느새 마지막 기차가 떠난 뒤였다. 막차를 놓치면 다음날 첫 기차는 새벽 4시가 넘어야 한다. 그동안 학교 작업실에서 계속 미술 작업을 하면서 시간을 보내기도 하지만 새벽 첫 기차를 타기 전까지 역에서 드로잉을 하며 시간을 보내기도 했다.

새벽 첫 기차를 기다리는 동안 이곳은 나만이 가질 수 있는 커다란 개인 작업실이었다. 이때 뉴욕의 거지들은 나의 전속 모델이었고, 지나가는 사람들도 나의 소중한 스케치북 속 주인공이 되었다.

미국이 선진국이지만 여전히 뉴욕시에는 집 없는 거지들이 많다. 특히 역 주위에는 거지들이 아직도 많이 살고 있다. 한국 서울역과 용산역 등 역 주변에 노숙자들이 많은 것과 같다.

학교에서 작업을 마칠 때쯤이면 내 모습은 흘린 땀과 목탄과 물감으로 인해 온몸과 옷이 뒤범벅되어 있었다. 그래서 만나는 사람들의 시선이 내게 두 번 세 번 아래위로 쳐다보는 것 같아 맘이 편치 않았다.

이런 내가 역 안에 들어오면 그곳에 자리 잡고 있는 '집 없는 거지'와 조금도 다를 바 없었고 이내 그 속에 금방 섞여 버렸다. 그들과 동질감을 느낄 정도였다. 뉴요커들도 대부분 나를 동양인 노숙자로 보았을 것이다. 서양인 거지들 속에 웬 동양인 거지가 한 사람 끼어 있으니 더 눈에 띄었을 것이라 여겨진다. '중국인 거지'라 생각하여 신기한지 킥킥 웃으며 지나가기도 하고, 어떤 사람은 빵과 음료수를 조용히 건네주고 가는 사람도 있었다. 나는 화내지 않고 그것을 조용히 받아 거리낌 없이 먹었다. 그러다 보면 어느새 나도 뉴욕의 거지가 되어 있는 것 같았다.

내가 피곤에 지쳐 역에서 졸다 일어나 보면, 뉴욕의 거지들이 바로 옆에서 나와 같이 자고 있었다. 의자에서 잠을 자다 보면 역무원들이 밖으로 나가라고 나를 쫓아내기도 했다. 기차 안에서 표를 검사하는 차장도 내 겉모습만 보고 막무가내로 기차에서 내리라고 할 때엔 재빨리

학생증을 보여주어야 했다.

　이 34번가 펜실베니아 역 대합실에서 나와 16년간 친분이 두터워진 제인이란 이름의 흑인 여자 경찰관이 있었다. 뉴욕스튜디오스쿨을 다니기 시작했을 무렵 뉴저지행 막차를 놓쳐버리고 거지들과 함께 의자에서 잠을 잘 때 내 앞에 불쑥 나타난 여경찰관이었다.

　대합실에서 한참 깊은 잠에 빠져서 꿈을 꾸는데 갑자기 'wake up!' 이라고 외치는 소리가 아주 생생하게 들렸다. 동료 유학생들이 꿈에서 영어로 말하고 들린다면 영어공부가 많이 발전된 것이라고 했던 기억이 났다. 나는 엉겁결에 꿈속에서 들렸던 영어가 너무나 신기해서 더 깊게 꿈을 꾸려는데 바로 코앞에 얼굴이 까만 여자 경찰의 얼굴이 나타났다.

　나는 그 얼굴을 보고 얼마나 질겁하며 몸서리쳤는지 모른다. 평생 흑인 여자 얼굴을 그렇게 가깝게 본 일이 없었다. 이 인연으로 나는 오리 궁둥이를 가진 뚱뚱한 흑인 여경찰관을 알게 됐다. 난 사람과 한번 만나면 쉽게 친해지는 것이 장기다. 하나님께서 내게 친화력을 달란트로 주신 것이라 믿고 싶다.

이후 그녀와 나는 뉴욕 여러 곳에서 신기하게도 자주 마주쳤다. 대학원 때에는 뉴욕 박물관에 가다 역에서 만났고, 훗날 컬럼비아대학을 다닐 때에도 이 흑인 여자 경찰관의 순찰 중에 우연히 마주치곤 했다.

나는 기차를 기다리면서 항상 드로잉을 했다. 한번씩 그 경찰관에게 그림을 선물하기도 했는데, 유치원생인 그녀의 딸도 그림을 무척 좋아한다고 했다. 딸도 미술을 전공해 화가가 되게 만드는 것이 꿈이라고 했다. 어느 날은 나를 소개해 주려고 딸과 함께 기다린 적도 있었다고 말했다. 그녀는 늘 지니고 다니던 지갑에서 그녀의 예쁜 딸 사진을 내게 자랑스럽게 보여주기도 했다. 그리고 자신의 주소와 전화번호까지 주면서 34번가 역은 위험하니 무슨 일이 일어나면 즉시 자기에게 연락하라는 친절함을 보여주기도 했다.

그 여자 경찰관은 25년간 뉴욕 경찰생활을 했지만 나 같은 사람은 처음 보았다고 얼굴 가득 미소를 지었다. 나의 어떤 면을 처음 보았다고 했을까 참 궁금하고 그 이유를 물어보지 못한 것이 후회가 된다. 내가 그녀를 마지막 본 것이 2009년인데 아마 다른 곳으로 배치되었거나 경찰을 그만둔 것 같다.

나는 이렇게 역에서 열차 안에서 그린 드로잉 작품만으로 2010년 『뉴욕의 거지들』이란 드로잉 저서를 발간 했다. 나는 이 책에 노숙자들이 잃어버린 웃음을 담으려 노력했다. 그들의 배고픔을 담으려 학교를 오가며 울고 웃었던 뉴욕의 시간들, 이 뉴욕 거지들의 모습은 어떤 면에서 나의 자화상이기도 하다. 이 모든 것들은 작은 스케치북에 담겨 귀중한 추억, 잊지 못할 뉴욕의 추억을 만들어 주었다.

# 수석졸업과 아이비리그 입학

노력 앞에는 그 어떤 것도 장애가 되지 않았다.
달려들면 결과가 반드시 나왔다.

지금도 가끔 생각나 머리가 쭈뼛해지는 일이 있다. 미국에 유학 와 대학 첫 수업에 참석했을 때였다. 예상은 했지만 교수의 영어가 전혀 이해되지 않았다. 조금은 들리지 않을까 했는데 아예 못 알아들었다.

결국 유학에 대한 의욕만 앞서 무모하게 도전해 미국으로 떠나온 결과였다. 이해를 못 하는 강의는 결국 시간만 허비하는 꼴이다. 영어가 너무 어려워 차라리 수화를 배우는 게 낫지 않을까 하는 생각조차 들었다. 그런데 그 수화를 가르치는 것도 영어라니 이 역시 포기하지 않을 수 없었다.

매달 학교에서 토플시험을 치렀지만 점수가 전혀 오르지 않았고 나는 부족한 영어를 위해 ESL 과정을 병행하며 공부했다. 영어를 못해 손해 보는 일이 많았다. 학교개교기념일이나 특별행사 등엔 수업을 안 하

는데, 안내를 이해 못 해 나 혼자 학교에 와 바보가 된 일이 한두 번이 아니었다.

'미국에서는 거지도 영어로 구걸해야 살아남는데, 이렇게 벙어리처럼 지내야 한다면 어떻게 공부를 하고 박사 학위를 딴단 말인가.'

나는 영어라는 큰 벽에 막혀 하나님께 간절한 마음으로 기도했다. 지혜를 주서서 빨리 영어를 익히고 교수의 강의를 이해할 수 있게 해 달라고 눈물을 흘리며 부르짖었다. 영어가 유창해지기 위해서는 친구들을 많이 사귀고 교수들을 자주 찾아가 대화를 하는 수밖에 없었다.

이때만 해도 컴퓨터가 그렇게 많이 사용되지 않았던 시절이어서, 학교 숙제를 하기 위해 학교 도서관에서 전문서적을 찾아보면서 리서치 (research)하는 데 많은 시간이 필요했다. 이론 과목 수업 들으랴 실기 과목 들으랴 정신없이 바쁘게 시간을 보내며 초기 2년 동안은 한국 학생들에게는 아예 말도 건네지 않고 부지런히 강의실을 찾아 꼿꼿하게 걸어 다녔다.

당시의 내 모습은 마치 '깡통 로봇'이 걸어 다니는 듯 경직된 모습이었다고 훗날 동기 후배들이 들려주었다. 어느 날, 내 귓가에 한국 대학생들의 이야기 소리가 들려왔다.

"저 사람 북한에서 온 유학생이래!"

"아, 어쩐지 표정이 없더라. 북한에서 훈련을 아주 심하게 받았나 봐. 그치?"

"그래도 저 사람 북한에서 높은 자리 군바리 아들인가 봐. 그러니 여기까지 유학을 왔지."

"아니야, 내가 보기엔 현역군인 같은데. 군대에서 유학 보내주기도 할걸."

나는 이 말을 듣고 혼자 기숙사로 돌아와 배를 잡고 얼마나 많이 웃었는지 모른다. 이 정도로 나는 공부에 최선을 다했으니 후회가 없었다.

빠른 영어습득을 위해 고민하며 기도하던 내게 응답이 왔다. 유학 온 한국인 수녀님이 있었다. 나보다 손위인데 내가 영어 때문에 너무 힘들다고 하자 선뜻 자신이 수업이 없는 시간에 영어를 가르쳐 주겠다고 했다.

"정한 씨. 그 고충 내가 알아요. 내 친구도 큰 뜻을 품고 미국에 왔다가 영어가 너무 어려워 6개월 만에 한국으로 돌아갔답니다. 영어는 그저 열심히 하는 것이 최고예요."

이렇게 도움도 받고 좌충우돌 적극적으로 뛰어다니며 공부에 온 힘을 쏟았더니 조금씩 영어가 귀에 들어오기 시작했다. 강의를 녹음해 집에서 이해가 될 때까지 듣고 또 들었다.

영어보다 더 힘든 것이 사실 외로움이었다. 아내와 아이들이 정말 보고 싶었다. 혼자 덩그러니 숙소에 앉아 있으면 내가 지금 뭐 하고 있나 싶었다. 한국에서 친구들과 어울리고 신 나게 놀던 생각이 나서 모든 것을 접고 돌아가고 싶기도 했다. 그러나 여기서 포기한다면 죽도 밥도 안 되기에 승부를 걸어야 했다. 결국 공부에 매달려야 했다.

이렇게 최선을 다하자 높은 벽으로 보였던 영어가 귀에 들어오기 시작했고 리포트가 A 학점을 받아내기 시작했다.

결국 노력 앞에는 그 어떤 것도 장애가 되지 않았다. 달려들면 결과가 반드시 나왔다. 입학할 때 교수의 영어를 못 알아들어 헤매던 내가 시튼홀대학 졸업식에서 감히 엄두도 내지 못하고 상상도 못했던 대학 전체 수석졸업의 영광을 차지했다.

졸업 당시 남보다 많이 들은 총학점 156에서 올 A(GPA 4.0)를 받았고 대학교 전체 수석과 최고명예 졸업상(숨마 쿰 라우디)을 받은 것이다. 물론 내 그림도 교수들이 최고로 인정해 주는 톱클래스 수준이었다.

나는 수석졸업이 어찌나 기쁘고 감격스러웠던지 학교 운동장 몇 바퀴를 쉬지 않고 뛰었다. 드넓은 운동장을 몇 번이나 달려도 이상하게도 숨이 차지 않았다. 미국에 와서 처음으로 맛본 쾌감이었다.

그렇게 나를 괴롭히던 영어도 마침내 토플 점수가 600점이 넘어 대학원에 지원하는데 큰 도움이 되었다. 학부에서 좋은 성적을 받으니 자연히 그 결과로 아이비리그(Ivy League)인 펜실베니아대학(University of Pennsylvania) 석사과정 합격 통보를 무난히 받았다. 게다가 '학장 장학금'을 받고 입학할 수 있었으니 나는 하늘을 나는 것만 같았다.

내가 만약 유학 초기 영어라는 큰 벽에 부딪혀 좌절하고 고민만 하다 한국으로 돌아갔으면 내 삶은 어떻게 변해 있을까를 생각해 본다. 어쩌면 사업을 해서 내가 지금보다 더 부자가 되었을 수도 있을 것이다. 그러나 내 삶은 영어를 돌파해 이겨내지 못하고 돌아온 것에 대한 패배감과 스스로에 대한 실망감으로 인생을 살아가는 내내 고통을 받았을 것이다.

안 되는 것은 없다. 힘은 들고 시간은 걸릴 수 있지만 노력하면 끝은 반드시 나온다는 것이 내 지론이다. 수업 첫 시간에 단 한마디도 못 알아들어 헤매던 내가 수석졸업을 하고 펜실베니아대학 장학생으로 입학했다는 사실, 이것은 기적 중의 기적이 아닐 수 없다.

나는 요즘도 젊은 친구들을 만나면 나의 옛이야기를 들려주며 도전정신을 키워갈 것을 권하곤 한다. 설사 목표한 것이 100% 이루어지지 않았더라도 최선을 다했다는 그 사실, 그것만으로도 우리가 삶을 풍요롭게 만들어 가는 것이라고 말이다.

# 버몬트스튜디오스쿨, 한여름의 예술 캠프

나는 이곳에서 나만이 가질 수 있는 완성품을 이루어 냈다고 자부한다.
그것은 특별히 나 혼자만 소유한 내 작품의 주제 '웃음'이다.

미국 유학 시 누구든지 부지런하기만 하면 얻어낼 수 있는 소득들이
참 많다. 그러기 위해서는 이곳저곳 기웃거리며 정보를 얻는 데 최선의
노력을 기울여야 한다. 특히 여름방학 동안 비용을 적게 들이면서 환경
이 다른 곳에서 유익하고 훌륭한 프로그램에 참여할 수 있는 것이 미국
대학교육의 또 다른 장점이다. 물론 이 프로그램들은 장학금 혜택이 많
은 편이라 어떻게 찾아 활용하느냐는 것은 결국 각자가 얼마나 부지런
히 뛰어 찾아내느냐에 달렸다.

내 경우는 학교 교수들과 우선 상의하고, 충분한 정보를 입수한 후
학교에서 무엇을 원하는지 자세히 물어보거나 학교 사이트를 보고 해
당하는 과목과 비용에 맞추어서 지원하곤 했다.

이렇게 해서 여름방학에 간 곳 중의 하나가 바로 버몬트스튜디오스

쿨(Vermont Studio School)이다. 1984년에 설립된 이 학교는 펜실베이니아 대학(U-Penn)을 졸업한 분이 설립한 예술학교로 아주 유명하다. 버몬트 주에 있는 조그마한 타운을 아예 구입해 후배 예술가들에게 장학금도 주고, 세계 각국의 많은 예술가들을 불러서 인재양성을 하는 곳이다. 그림처럼 아름다운 마을 전체가 바로 스튜디오스쿨인 것이다. 약 30개의 오목조목하게 아름다운 작은 빌딩들이 있고, 기혼 강(Gihon Rivers) 기슭의 존슨(Jonson)에 위치한다. 울창하고 아름다운 나무들로 가득한 산들이 마을 주위를 둘러싸고 있다. 근처에는 주립대학(Jonson State College)이 있어 그곳 학교 갤러리에서 전시회가 열리곤 했다.

특히 여름에 세계 예술인들이 모여 제각기 땀을 흘리고 저녁에는 함께 어우러지는 아주 추억에 많이 남는 곳이다. 모닥불을 피워놓고 춤과 노래로 밤을 새운 적이 한두 번이 아니었다.

새벽이 오고 날이 새면, 모두 각자의 작업실에서 열심히 땀을 흘리곤 했다. 물론 이곳에 오는 학생들, 작가들은 1차로 학교에 원서를 제출하고 합격해야만 작업할 수 있었다.

일부는 절반 장학생으로 입학해서 2주나 한 달 동안 주방일이나 청소, 아니면 잔디 깎기 등 본인이 잘할 수 있는 재능을 기입해 이것이 현장에 필요하면 받아주기도 한다. 풀(full) 장학생이 되지 않을 경우 학교 측에서는 꼭 필요한 인원만 뽑는다.

따라서 이 예술 마을에서 일하는 사람들은 모두 자원봉사로 이뤄졌다. 이곳에 있는 자체에 만족하기에 전국에서 서로 몰려드는 것이다. 예술가로 이곳에 오려면 본인의 이력서와 포트폴리오를 접수해 통과되어야 한다. 글을 쓰는 작가, 그림, 판화, 조각, 퍼포먼스 전공 등 골고루 뽑는다. 단, 음악 쪽은 제외된다.

아침 점심 저녁에는 전문요리사가 만든 맛있는 음식이 나오고 식당 옆에는 시냇물이 흐르고, 잔디 운동장에서는 사슴들이 뛰어놀고 정말로 자연과 더불어서 인간이 함께 어울리는 매우 아름다운 곳이었다.

키가 큰 설립자 부부가 빨간 장미밭에서 물을 주는 광경도 가끔 보였다. 전 세계에서 골고루 장학생을 선발해 개개인에게 작업실도 제공해 주고 매주 훌륭한 교수 혹은 작가들을 초빙해 강의해 주기도 했다. 만든 작품에 대해 비평도 해주곤 했다.

처음에는 다른 나라, 다른 주에서 남녀 학생들이 제각기 모여들었지만 수업을 마칠 즈음에는 다 함께 친구가 되어 헤어지는 것이 아쉬워 서로 껴안고 울기도 했다. 어떤 젊은 싱글은 부부 인연까지 이곳에서 맺었다. 내 경우도 이곳에서 많은 친구를 사귀어 10년이 지난 지금도 서로 E-메일을 주고받는다. 소중한 경험과 인연, 추억을 만들어준 버몬트스튜디오스쿨이다.

세상에서 살아가는 동안에는 주위에 좋은 친구들이 많으면 많을수록 인생을 즐겁게 보낼 수 있다. 좋은 친구, 그렇지 않은 친구까지 우리에게는 모두 필요하다. 내가 도움을 주면 그도 언젠가 내게 도움을 줄 수 있기 때문이다.

미국에서는 이러한 학교 시절의 경험은 곧바로 이력서에 기록이 되어 졸업 후 유리한 입장에서 경쟁에서 이길 수 있는 스펙이 된다. 무슨 일이든지 급하게 한꺼번에 계획을 세우지 말고, 차근차근하게 충분한 시간을 두고 계획을 세워서 하면 거의 성공할 수 있다. 교수들에게 추천서도 일찍 부탁하고, 무슨 일이든 일찍 서둘러야 미국 학생들보다 앞설 수 있다. 어영부영하다간 놓치기 일쑤다. 일 처리를 쉽게 그리고 급하게 하려면 꼭 탈이 생기기 마련이다. 차분하고 성실한 분들이 성공하게 되는 것이 미국이다.

미국에서 유학하는 학생이 있다면 반드시 긴 여름 방학 동안 충분한 시간과 휴식을 문화가 다른 곳에서 한번 즐겨보라고 권하고 싶다. 이 생활이 가슴에 더 오래 남을 것이다. 학교 게시판에 수도 없이 많이 붙어있는 포스터나 안내서들을 자세히 살펴보길 바란다. 지극히 사소한 안내서 한 장에서 인생을 송두리째 바꾸어 놓을 수 있는 새로운 역사가 시작될 수 있다.

버몬트스튜디오스쿨. 나는 이곳에서 나만이 가질 수 있는 완성품을 이루어 냈다고 자부한다. 그것은 특별히 나 혼자만 소유한 내 작품의 주제 '웃음'이다.

# 내 인생을 또 한 번 변화시킨, 헤이스택마운틴스쿨

학교 건물 하나하나가 모두 통나무로 지어졌고
이것이 자연과 어우러져 아주 멋스러웠다.

미국 대학들은 한국보다 겨울방학이 짧은 대신 여름방학이 훨씬 길다.

컬럼비아대학에 다닐 때였다. 공부만 한 지 10년 정도가 되는 해여서 사실 정신적으로 매우 힘들었다. 끝없이 공부하고 있지만 반면 아내와 아이들에게 미안한 점도 많았고 가끔 슬럼프도 오곤 했기 때문이다.

평소 존경하던 컬럼비아대 쥬디 버튼(Dr. Judy Burton)교수와 여름방학을 어떻게 보낼 것인가에 대해 의논했다. 나는 여름방학에도 공부해서 빨리 박사과정을 마치고 싶었다.

버튼 교수는 내게 '메인(Main) 주에 있는 해변도시 헤이스택(Haystack)에 가서 한 달 동안 한(Han)이 좋아하는 그림을 마음껏 그리다가 오라'고 권했다. 버튼 교수도 내가 엄청난 공부 스트레스를 받고 있는 것을 알아차린 것 같았다.

이 여름학기 프로그램(Haystack Mountain School of Crafts Fellowship)은 예술가들이 모여 작품을 하고 지도를 받는 아주 특별한 과정이다.

나는 두말없이 'Yes!'라고 대답했다. 더구나 학교에서 이 과정에 드는 참가비 절반을 장학금으로 지급해주기로 해 홀가분하게 갈 수 있었다. 펜실베니아대학 시절 버몬트에 간 일 외에 모처럼 체험하게 되는 즐거운 여행이자 예술캠프여서 기대가 되었다. 먼저 학교 웹 사이트에 들어가 프로그램에 대해 조사해보았다. 사진으로 보이는 헤이스택마운틴스쿨은 무척 아름다워 당장에라도 달려가고 싶었다.

뉴욕에서 기차를 타고 메인 주를 향해 오랜만에 긴 여행을 떠났다. 기차 안에서 나는 주변의 아름답고 소중한 보석들을 스케치북에 담기에 바빴다. 어디를 가든지 내 손에는 스케치북이 들려 있다. 메인 주는 아름다운 전원 풍경을 간직한 시골이었다.

마운틴스쿨에서 미니버스가 메인(Main) 역으로 마중 나와 도착한 학생들을 학교로 태워다 주었다. 버스를 타고 가는데 집집마다 고기 잡는 그물과 철사로 만든 사각형들이 줄줄이 앞마당에 놓여 있었다. 운전하는 학생에게 이것이 무엇인지 물어보았더니 가재를 잡는 도구라고 했다. 이곳 메인은 미국에서 최고로 가재가 많이 잡히는 곳이었다. 이곳 주민 전체가 가재를 잡는 어부들이라고 했다.

정말 학교는 멋진 산 위에 자리 잡고 있었다. 나무가 너무 울창해 길을 잃으면 영락없이 타잔 생활을 해야 할 첩첩산중이었다. 특히 놀라웠던 것은 학교 건물 하나하나가 모두 통나무로 지어졌고 이것이 자연과 어우러져 아주 멋스러웠다.

방 배정을 받아 들어가 보니 짙은 나무 향기가 방안에서 풍겨 나왔고 침대 등 모든 것이 수제로 만든 나무가구들이었다. 불을 켜보니 조그마한 전구에서 운치 있는 빛이 은은하게 흘러나왔다. 욕실 화장실도 욕조가 붙어 있는 형으로 앙증맞았다. 한 사람이 쓰기에 딱 맞는, 귀엽고 조그마한 공간이었다. 아주 포근하고 느낌이 좋았다. 그때의 느낌이 지금까지 선명해 추억을 되새겨 주곤 한다.

첫날 저녁 교수들과 각 다른 주(州)에서 온 많은 학생들과 함께 저녁 식사를 나누며 각자 소개했다. 난롯불 앞에 둘러앉아 서로 인사도 하고 노래도 불러가면서 일일이 상견례를 해 금방 친해질 수 있었다.

이곳은 여름에도 가끔 눈이 내리는 고산지역이라 밤에는 큰 난로에 장작불을 지펴야 했다. 따뜻한 난로 앞에 많은 학생들이 모였지만 이 중에서도 내가 최고의 인기를 누렸다.

그 이유는 단 하나였다. 내가 옆구리에 쌍절곤을 차고 있었던 것이다. 주변에서 무엇이냐고 물으면 나는 대답 대신 즉석에서 신 나게 쌍절곤을 돌려주었다. 이 때문에 한 달간 머무르는데 대부분의 참가자가 나를 '브루스 리'라고 불렀다. 브루스 리는 유명한 영화 『정무문』과 『용쟁호투』의 영화주인공인 이소룡을 칭하는 말이다. 물론 그곳에서도 나는 제법 많은 쌍절곤 제자들을 양성했다. 학생들과 교수들에게 첫날부터 인기가 많았던 것은 이소룡 형님의 쌍절곤 덕을 본 셈이다.

이곳의 일과는 버몬트(Vermont)에서의 캠프와 달랐다. 버몬트에서는 개인 작업실에서 많은 시간을 가진 것에 비해 이곳에서는 자기가 원하는 과목을 먼저 선택, 하루에 5시간 정도 실기 공부를 하고, 저녁에는 큰 메인 교실에 모두 모여 서로서로 평가하며 토론하는 식으로 진행됐다.

실기 과목은 도자기 공예, 액세서리 공예, 조각, 나무공예 그리고 드로잉 등이 있었다. 그리고 수업 중이라도 햇볕이 나오면 누구랄 것도 없이 밖으로 뛰쳐나왔다. 벌러덩 누운 학생들, 앉아있는 학생들 모두 여러 모습으로 햇볕의 고마움을 만끽했다.

나는 이때를 놓칠세라 재빨리 드로잉을 했다. 한 달 가까이 지날 무렵 통나무 건물마다 160점의 드로잉을 압핀으로 꼽아 전체 학생들에게 보여주는 즉석 개인전을 열었다. 미국에서 처음으로 깊은 산골 산꼭대기 학교에서 전시하는 기분도 아주 좋았다. 뉴욕에서 하는 전시 못지않았다.

평소 날씨가 어둡고 비가 내렸는데 전시회 날은 아주 쾌청해 모든 학생들이 밖으로 나와 내 드로잉 전을 축하하며 엄지손가락을 세워 주던 모습이 기억난다.

나는 이곳에서 '나무 공예' 강의를 들으면서 손작업으로 나무의자를 만들었다. 뉴욕에서 자가용으로 운전해 온 같은 수업을 듣는 키가 큰 이탈리아계 학생은 매년 여름에 여름휴가 겸 이곳에 와 의자, 책상, 액세서리, 나무 인형들을 만든다고 했다. 그는 나무 공예 실력이 대단히 훌륭했는데 이 친구에게 여러 가지를 많이 배웠다. 우리가 같은 곳 뉴욕에서 왔다고 금방 친해졌기 때문이다.

매주 토요일 점심은 바닷가재(lobster)를 먹었다. 맛있게 1마리를 먹고 또 1마리를 먹으려면 개인적으로 10불을 추가로 더 내야 했다. 이것은 아주 싼 가격이어서 대부분의 학생들이 2마리를 먹었다. 나는 식욕이 너무 좋아 3마리를 먹고도 양이 차지 않은 표정을 지었다.

1개월이라는 시간은 너무나 빨리 지나가 버렸다. 학생들은 이곳에서 만들었던 작품들을 집에 가져가기도 하지만, 대부분은 이 학교를 위해 기부했다. 이 작품들은 마을 사람들에게 경매를 거쳐 판매했다. 토요일 메인 강의실에 다양한 작품들을 전시해놓고 경매를 시작하면 주민들이 대거 참가해 본인들이 좋아하는 작품을 자세히 관찰하고 입찰에 응했다.

조그마한 보석공예품, 드로잉, 조각, 나무공예품, 꽃병 등 여러 종류의 작품들이 모두 전시되어 있었다. 색다른 그들의 문화를 보며 부러움이 느껴졌다. 내가 사고 싶은 것도 너무 많았다.

동네 주민들은 자기가 구입을 원하는 것을 얻으면 아무리 나이 든 분이라도 어린애처럼 아주 좋아하며 손뼉을 치고 어쩔 줄 몰라 했다. 나는 나무의자를 만들어 내놓았다. 나무판자에 일일이 손으로 조각했다. 한 면에는 바다를 소재로 소라, 새우, 돌고래, 바닷가재, 불가사리 등을 조각했고 또 다른 면에는 독수리, 사슴, 사자, 강아지 등을 정성껏 조각한 작품이었다.

어느 젊은 어부가 꽤 높은 가격으로 입찰해 내 의자를 가져갔다. 본인 부모님께 생일 선물로 드릴 것이라고 하면서 내 약력을 적은 것을 받아가더니, 사인(sign)을 한 번 더 해달라고 했다. 그때 나는 그분의 주소를 받았다. 손가락이 유난히 굵은 그 젊은이는 나더러 다시 메인(Main)에 오면 꼭 연락해달라고 부탁했다. 식사를 접대하고 싶다고 했다.

미국에서 처음으로 경매에 내 작품을 내어 꽤 고가로 팔린 셈이 되었다. 그해 여름은 내게 참으로 소중한 추억을 선사해 주었다. 좋은 기회를 만들어 준 쥬디 버튼 교수께 다시 감사한 마음이 들었다.

가을 학기 때, 내가 버튼 교수를 만나 감사를 전하자 그도 '한! 헤이스택(Haystack) 공부가 좋았느냐?'고 물어 '최고였다!'고 대답했다. 그는 내가 나무의자 작품을 경매로 팔아 학교에 기부금을 낸 것까지 다 알고 있었다. 미국은 한국과 달리 소리 없이 소문이 널리 퍼진다. 남의 눈에 보이는 곳이든 그렇지 않은 간에 항상 아름다운 마음과 바른 행동을 보여야 하는 곳이 바로 미국이다. 이러한 모든 행동들이 쌓여서 훌륭한 인격, 그리고 아름다운 인성이 정립된다.

컬럼비아대학 시절에 대학 내 수많은 외래 교수들의 초청강연, 토론, 다른 주(州) 대학과의 세미나, 그리고 교수님들의 추천으로 2주간의 하버드대학 초청 강의를 듣는 등 많은 행사에 참석했다. 그 사이 나도 모르게 나 자신이 점점 변하고 있었다. 나 나름대로 세상을 보는 안목이 넓어지고 밝아진 것으로 느껴졌다.

우선 주변에 많은 인맥이 자동으로 형성됐다. 그리고 지금도 그들과 계속 연락을 취하면서 서로의 변화된 모습이나 활동들을 보여주며 서로 소통하고 꾸준히 우정을 나누고 있다.

이런 점에서 나는 청년들에게 이렇게 권유하고 싶다. 시간이 허용된다면 한 번도 체험해보지 못한 다른 환경을 꼭 접해 보라는 것이다. 인생에 큰 변화를 가져올 수 있다.

인간은 누구나 자기가 배운 만큼, 경험한 만큼만의 지식을 갖고 생각하고 행동한다. 공중에 나는 새들을 생각해 본다. 새는 똑같은 에너지를 가지고도 오래 날 수도 있고 그렇지 못할 수도 있다. 새(鳥) 종류에 따라서 다르겠지만 바람에 잘 맞추어야 멀리 날고 오래 날아갈 수 있다. 때로는 적합한 바람을 타고서 오랜 여행을 쉽게 목적지까지 갈 수 있다. 반면에 태풍이나 비를 만나 날기를 포기하고 쉬거나 상처를 입는 경우도 생길 것이다.

우리 인간도 '미래의 삶'을 설계하면서 정확한 목표를 세우고, 어떻게 해야만 높게 멀리 날아갈 수가 있는지를 고민해야 한다. 물론 자기 자신의 노력으로 시행착오를 경험하며 스스로 멀리 높게 날아가는 것이 무엇보다 가치 있을 것이다. 그러나 주변의 훌륭한 분들에게 의논도 하고, 이미 성공한 사람들을 찾아가 보기도 하고, 성공담이 적힌 서적들도 두루 읽어보면 많은 도움을 받게 될 것이다.

인생의 성공은 오직 하나만 있지 않다. 여러 갈래의 많은 길이 있다. 어느 방법이 본인에게 가장 적합하고 타당성이 있는지를 치밀하고 엄중하게 잘 살펴보길 바란다. 동서남북 선택 방향들은 하나님이 우리를 위해서 지혜롭게 만들어 놓으셨다. 그 지혜로운 방향 설정은 나 스스로 택해야 한다. 그래서 그 무엇보다 기도가 필요한 것이 아닐까. 바른 선택과 바른 판단으로 삶과 신앙에서 성공하는 여러분이 되길 바란다.

나는 꼭 다시 한 번 헤이스택마운틴스쿨을 찾아가 볼 생각이다.

# 앤티크 안목이 선사한 장학금

이것은 평소 내가 박물관과 미술관, 앤티크 가게를 돌며
안목을 높인 것에 대한 보상이라 여긴다.

2005년 컬럼비아대학원에 다닐 때였다. 미술대학장의 요청으로 학부 학생들을 데리고 보스턴에 있는 하버드대학에 2주 정도 단기 프로그램을 간 적이 있다.

하버드대학은 그 오랜 역사가 말해주듯 고풍스러운 분위기가 곳곳에서 물씬 묻어 나온다. 거리도 시골 분위기가 나면서도 예스러운 가게들이 즐비하다. 이 중에서도 고미술품을 취급하는 앤티크 가게가 몇 개나 있다.

나는 몇몇 교수들과 이 거리를 지나가다 한 앤티크 가게에 진열된 작은 조각상 하나를 보고 시선이 그대로 멈추어 버렸다. 한 마디로 '이것은 예사 것이 아니다'란 감이 확 왔다. 옥 계통의 신비한 색깔을 지닌 돌을 깎아 만든 불상인데 그 정교함이 내 눈을 사로잡았다. 난 크리스

천이지만 이것은 미술학적으로만 평가했을 때 꽤 값나가는 물건이란 생각이 순식간에 든 것이다.

나는 미국 유학을 오기 전 한국에서 가죽봉제업과 시계수출사업을 하면서 외국에 자주 나가는 편이었다. 그럴 때마다 나의 가장 큰 즐거움은 외국의 미술관이나 박물관, 갤러리 등을 둘러보는 것이었다. 미술의 꿈을 이루지 못한 아쉬움도 작용했지만 수준 높은 미술작품들을 보고 있노라면 무엇인지 모르는 뿌듯함이 내 가슴 가득 채워지곤 했었다.

그리고 길거리 벼룩시장이나 앤티크 가게도 내가 빠짐없이 둘러보는 코스에 항상 들어갔다. 그러다 보니 내가 작품이나 물건을 보는 안목의 내공이 자연스럽게 자리 잡았던 것이다. 예사 물건이 아니란 것을 안 나는 빨리 그곳에 달려가고 싶어 안달을 내다가 시간이 났을 때 그 앤티크 가게를 재빨리 찾아갔다.

나는 자연스럽게 그 작품을 찬찬히 살펴보다가 50대로 보이는 뚱뚱한 주인에게 물건 가격을 넌지시 물었다. 주인은 이 작품이 아주 특별한 일본제 앤티크 불상이라며 가격은 1만 불(1200만 원 정도)이라고 했다. 나는 물건의 가치에 비해 가격이 아주 낮게 책정되었다고 판단했지만 내색하지 않았다. 이 작품을 내 것으로 소유하려면 이제부터 이 주인과 서서히 줄다리기를 시작해야 하기 때문이다.

당시 나는 두 아이와 아내가 미국으로 들어와 경제적으로 매우 힘든 때였다. 학비에 생활비에 허덕거리며 간신히 살아가던 때라 이것을 살수 있는 여유라곤 전혀 없었다.

그러나 이 작품은 사 두면 분명히 투자 가치가 있어 훨씬 더 비싸게 팔 수 있을 것이란 확신이 있었다.

　나는 주인에게 내가 컬럼비아대학원에서 미술교육을 전공하고 있는 학생이란 사실을 먼저 밝혔다. 그리고 이 작품이 너무나 맘에 들어 꼭 갖고 싶으니 살 수 있게 가격을 깎아달라고 요청했다.

　내가 예상컨대 주인이 1만 불을 불렀다면 주인이 매입한 가격은 2000~3000불 정도였을 것이라 짐작했고 난 5000불을 주겠다고 협상했다. 처음엔 펄쩍 뛰던 주인도 내가 워낙 간곡하게 이야기하고 학생인 것을 참작했는지 한참을 실랑이 끝에 5000불에 파는 것으로 최종 승낙을 해 주었다. 나는 마음속으로 쾌재를 부르며 환호성을 질렀다. 그러나 빈궁하게 사는 내게 5000불이 있을 리 만무했다. 그래도 나는 주눅 들지 않고 자신 있게 말했다.

　"제가 하버드대학에 학생들을 인솔하고 왔기에 가져온 돈이 없습니다. 제가 사는 필라델피아에 돌아가 잔금을 보낼 테니 오늘은 계약만 하고 갈게요. 물건은 제가 돈을 다 지불한 뒤에 주시면 되구요."

　난 은행 잔고가 거의 바닥이라 걱정하면서 계약금 100불만 걸겠다고 신용카드를 내밀었다. 100불만 카드로 긁었는데도 내가 가진 카드 3장이 모두 '거절(decline)'로 나오며 승인이 되지 않았다.

　주인 보기에도 매우 창피했다. 돈 100불도 없는 사람이 1만 불짜리 작품을 5000불에 산다고 큰소리쳤으니 말이다. 나는 다시 착오가 있는 것 같다며 50불만 결제해 보라고 했는데 이것은 간신히 카드 승인이 됐다. 물건을 사지 못하는 망신은 당하지 않았다.

　2주 후까지 돈을 보내겠다고 큰소리치고 뉴욕으로 돌아왔지만 내 머릿속은 정교한 그 작품으로 가득 차 있었다. 내가 살고 있던 뉴욕과

보스턴은 상당한 거리가 있는 곳이라 물건을 어떻게 갖고 올지 혼자서
연구하기도 했다.

2주 후가 지났지만 난 1000불도 만들 수 없었다. 학비는 물론 생활
비도 없어 쩔쩔매는 판에 5000불은 무리였다. 연락이 없자 앤티크 가게
주인이 당장 내게 전화를 걸어왔다. 계약을 취소하겠다는 것이었지만
조금만 기다려 달라고 신신당부했다. 이렇게 몇 번을 약속을 어긴 나는
더는 미룰 수 없어 작품을 가지고 며칠까지 오면 돈을 지불하겠다고 해
버렸다. 난 이제 그 날짜까지 돈을 마련해야 했다.

주변의 모든 사람들에게 돈을 빌려달라고 요청해 만든 돈이 결국
3500불이었다. 그 이상은 나도 도저히 만들 수 없었다.

약속된 날, 앤티크 주인은 가게를 비울 수 없으니 누구 한 사람을
시켜 작품을 당시 컬럼비아대학원 기숙사에 있던 내게 보냈다. 돈을 다
마련하지 못한 나는 될 대로 되라는 심정으로 이렇게 말했다.

"대단히 죄송합니다. 제가 약속한 대로 잔금 5000불을 드려야 하는
데 제가 최선을 다해 마련한 돈이 3500불뿐입니다. 이제는 계약을 파기
하셔도 제가 할 말이 없습니다. 그냥 3500불에 주시든지 아니면 작품을
갖고 그냥 돌아가셔야 할 것 같습니다. 정말 죄송합니다."

심부름 온 친구도 황당한 표정을 짓더니 앤티크 가게 주인과 계속
휴대전화로 한참을 이야기하는 것 같았다. 그러더니 결국 3500불을 달
라고 한 뒤 작품을 주고 갔다. 난 1만 불 부른 옥 조각 불상을 3500불
에 산 것이다.

크리스천인 내가 이 작품을 산 것은 오직 돈이 목적이었다. 당시 워
낙 어렵게 지냈기에 이것을 잘 이용하면 중간 수익을 올릴 수 있다고 판

단한 것이다. 대만에서 공부했다는 한 고미술품 중개인에게 이 작품을 보여 주었더니 작품이 대단한 것이라며 바로 10만 불에 사겠다고 했다. 그리고 즉석에서 5만 불 수표를 끊어주며 나머지는 작품이 팔리면 주겠다고 했다. 더 기다리면 더 좋은 가격을 받을 수 있겠다는 생각도 들었지만 내가 너무 힘드니 그냥 팔기로 했다. 그래도 30배 정도 이윤이 생긴 것은 대단한 일이었다.

그런데 며칠 후 이 5만 불 수표는 부도난 가짜였음이 드러났다. 나는 이미 작품을 준 터라 고스란히 3500불만 날리게 생기고 말았다. 나는 안 가던 새벽기도회에 참석하며 하나님께 부르짖었다. 주변에 돈을 빌려 어렵게 마련했는데 이것이 허공으로 다 날아가게 생겼으니 하나님이 해결해 주실 것을 간구했다. 그런데 한편으론 죄송했다. 크리스천인 내가 돈을 벌겠다고 불상을 사서 사기를 당하고 하나님께 도와 달라고 간청을 하고 있으니 말이다.

이리저리 수소문해본 결과 내 작품은 한 고미술상에게 가 있었다. 이분도 물건의 가치를 인정해 내게 사기를 친 이에게 일부 선금을 주고받아 놓은 뒤 적정선에 팔려고 구매자를 알아보는 중이었다.

나는 이분에게 달려가 전후 사정을 이야기하고 이렇게 된 이상 내가 변호사를 선임해 물건을 찾는 수밖에 없다고 했다. 그리고 모든 증거가 내게 있으니 당신은 '장물'을 갖고 있는 셈인 것을 주지시켰다. 그런데 이 분이 크리스천이었고 내 상황을 이해한 탓인지 물건을 순순히 돌려주었다. 자신의 손해를 감수하면서 내 입장을 이해하고 물건을 돌려준 그분께 미안하면서도 감사했다.

나는 이 작품이 일본에서 제작된 것이라 이 계통을 공부한 일본인 히

토시 나가사토 펜실베니아대학 교수에게 보이며 정식으로 자문했다. 그는 이 작품이 18C 일본에서 제작된 아주 훌륭한 조각품이라며 이렇게 고미술 민간 중개인을 거치지 말고 소더비(sotheby's) 경매에 내놓을 것을 권했다. 영국 런던에 있는 소더비 경매장은 1744년에 설립된, 세계에서 가장 오래된 경매시장이다.

나는 이곳을 통해 수수료를 제하고 정확히 6만 불을 손에 쥘 수 있었다. 내가 돈이 급해 싸게 내놓아 빨리 팔린 것이다. 사실 시간적 여유가 있었다면 좀 더 기다려 더 높은 가격으로도 팔 수 있었을 것이다.

내가 이 6만 불을 아내에게 가져다주자 '혹시 빨갱이(간첩)에게 돈 받은 것 아니냐'며 깜짝 놀랐다. 내가 돈을 벌 수 있는 것이 없는데 큰 금액을 가져왔으니 말이다. 이 돈으로 당장 급했던 아이들의 학비와 생활비를 사용하는 것에 큰 도움이 됐다.

이것은 평소 내가 박물관과 미술관, 앤티크 가게를 돌며 안목을 높인 것에 대한 보상이라 여긴다. 나는 지금도 이 습관을 항상 유지한다. 어디를 가더라도 미술관과 박물관을 찾아가 보려고 노력한다.

경제적으로 어려웠던 한 시절, 참 희한한 방법으로 돈을 벌게 해 준 것은 과연 누구였을까? 아마 아내의 간절한 기도에 하나님이 나를 사용해 응답해 주셨던 것이 아닐까 생각해 본다. 그런데 그 매개가 불상이 된 것은 참으로 아이러니하다.

# 필라델피아 시의 벽화를 그리다

나는 중학생들에게 벽화 그리는 기초 그림을 지도하면서
그들과 벽화를 같이 그리는 프로젝트를 맡았다.


2001년, 펜실베니아대학원에서 MFA(Master of Fine Art)를 졸업했다. 이후 대학 강사 자리를 얻으려고 여기저기 수많은 대학교에 채용을 원하는 편지를 끊임없이 보냈다. 그러나 몇몇 학교에서만 인터뷰 요청이 왔을 뿐 기회조차 주어지지 않았다. 사실 나이도 많고 경력도 없는데다 유색인종이란 보이지 않는 편견이 작용해 내가 강단에 설 기회는 별로 없어 보였다.

내게 대학교수란 직업은 '그림의 떡'일 뿐이라는 생각이 들었다. 원서를 본 몇몇 대학에서 가끔 전화 인터뷰를 하자고 했는데 이 역시 인터뷰 후에는 감감무소식이었다. 아마 실력을 떠나 학생을 가르쳐야 할 내 영어가 아직 부족하다고 생각했을 수도 있다.

이러던 중에 필라델피아 시(市) 전속 벽화가를 뽑는다는 소식을 펜

실베니아대학 쥴리 슈나이더 미술대 학과장한테서 들었다.

이곳에도 한번 문을 두드려 보기로 했다. 그동안 준비해 놓은 포트 폴리오와 이력서, 교수들에게 받아둔 많은 추천서 중에 몇 개를 간추려 '필라델피아 시청 벽화 팀'으로 보냈다. 무려 한 달이 지난 뒤 시청 벽화 디렉터(Director) 제인 골든(Jane Golden)으로부터 면담을 하자고 연락이 왔다.

아주 활동적이고 쾌활한 성격의 그녀는 내 그림을 보면서 '오, 굿!'이라고 몇 번이나 외쳤다. 그리고 즉시 같이 작업하자고 제의했다.

필라델피아 벽화의 역사는 1984년부터 시작된다. 거리의 벽들이 낙서로 시작되어 점차 벽화로 발전돼 벽화투어가 생길 만큼 미국에서 유명해졌다. 필라델피아에는 3000개 이상의 벽화가 있고 이를 보기 위해 전 세계 미술 애호가들도 찾아온다.

이곳 벽화들은 특히 제인 골든이 시(市) 벽화 담당자로 부임한 이후

눈부시게 발전했다. 그녀의 안목과 열정이 시를 벽화투어도시로 만들어낸 것이다.

내가 제일 먼저 벽화를 그린 장소는 필라델피아 북쪽에 자리 잡은 조그마한 앤더슨 센터(Anderson Center)였다. 그 당시 크고 작은 센터가 필라델피아 시내에 약 40군데 있었다.

나는 중학생들에게 벽화 그리는 기초 그림을 지도하면서 그들과 벽화를 같이 그리는 프로젝트를 맡았다. 중학생 수는 약 20명 정도였는데 이들은 방과 후 미술 특별활동으로 이것을 택한 것이다.

그런데 내가 가르치는 학생 대부분이 말로만 듣던 자유분방한 이민 2세 문제 학생들이었다. 학생들은 그림 수업 중 단 5분도 집중하지 않고 들쑥날쑥하면서 내 혼을 빼놓았다. 마치 나의 인내력을 시험하는 것 같았다. 한쪽을 정돈해 두면 또 다른 한쪽에서 난장판을 만드는 식이었다. 필리핀, 중국, 유럽, 남미 등 이민 2세들 중 그나마 한국 학생은 한 명도 없었다. 한국인들은 보편적으로 학군이 좋은 곳으로 이사하기 때문이었다. 내가 벽화를 그리는 곳 학생들이 거주하는 학군은 최하위권이었고, 흑인과 남미 출신, 스페니쉬(spanish)들이 특히 많이 살았다.

나는 학생들과 좋은 관계를 유지하려고 부단히 노력하고 연구했다. 그러나 정말 쉽지 않았다. 내게 마음의 문을 열지 않았다. 시간이 갈수록 제각기 따로 놀았다.

그러던 어느 날, 나는 문제 학생 5명을 데리고 중학교 근처 영화관에서 상영중이던 『스파이더맨』이라는 제목의 영화를 보러 갔다. 함께 영화를 보러 간 학생들은 20여 명 중 이른바 꼴통으로 불리는 학생들이었다. 며칠 점심값을 아낀 돈으로 이 영화를 보여줬는데 그들이 이때부터 마음의 문을 열고 내 말을 잘 듣기 시작했다. 내가 정성을 다해 섬길 때 상대는 그것을 마음으로 받아들이게 되는 것 같다.

이후 벽화작업에 손발이 척척 맞았다. 사소한 배려가 열매를 거둔 것이다. 훗날 내가 컬럼비아대학에서 교육학 석사, 박사를 하면서 '벽화를 통한 다민족 교육'을 깊이 연구하게 된 동기도 이들이 부여해 준 셈이다.

이 무렵 나는 정말 가난했다. 여기에서 나오는 수고비는 미미해서 충분히 쓸 수 있는 여건이 되지 못했다. 점심으로 값싼 핫도그 사 먹을 돈도 없어 굶기도 여러 번 굶었다.

언젠가는 흑인 여자 센터장이 문밖으로 빵을 버린 것을 학생들이 주워 놓은 적이 있었다. 이때 나도 빵 몇 개를 주머니에 넣어 학생들이 볼까 몰래 화장실에서 먹었던 기억이 난다. 화장실에서 씹었던 그 눈물의 빵은 이후 나를 더 단단히 단련하는 계기를 만들어 주었다.

벽화도 그리는 순서가 있다. 내가 먼저 학생들이 그리려는 소재에 합당한 드로잉을 구상해 주고 이것을 토대로 각기 표현하고픈 내용을 벽화에 그려 넣는 식이었다. 처음에는 엉터리 같은 시작이었으나 세세하게 지도를 해주고 색을 골라주면 차차 멋있는 그림이 되어갔다. 학생들이 무엇을 표현하고 싶어 하는지 먼저 잘 파악해야 벽화작업이 순조롭게 진행될 수 있었다.

또 엉터리 같은 그림을 그렸을지라도 끝까지 칭찬과 격려를 아끼지 않아야 학생들을 잘 이끌 수 있었다. 미국교사들도 이 이민 2세 학생들을 다루기가 너무나 어렵다고 고개를 저었다. 그러나 난 학생들을 잘 다루었고 결국 벽화도 멋있게 그려내 주위의 호평을 받았다.

나는 이들과 지내면서 훌륭한 교육자가 될 수 있는 교훈 하나를 체험으로 배웠다. 참교육은 눈높이를 잘 맞추어 이뤄져야 한다는 사실이다. 교사라도 학생들의 생각과 수준을 잘 이해하면서 친구처럼 대해줄 때 높은 교육 효과가 나타나곤 했다. 눈높이 교육의 중요성을 새삼 깨달을 수 있었다.

벽화 작업 중에 학생들이 그리려는 그림을 자세히 관찰하면 결국 부모님의 고향, 즉 모국의 고유한 특징들을 벽화에 나타내는 것을 볼 수 있었다. 학생들은 대부분 미국에서 태어난 경우였음에도 그 정체성은 어쩔 수 없었다.

이러한 가운데에 벽화가 다 완성되면, 학부모들도 손수 만든 음식과 다과 등을 가져와 마치 '쫑파티'를 연상하게 하는 잔치가 펼쳐지곤 했다. 각 나라 전통음식을 먹어보는 좋은 기회이기도 했다. 아프리카 출신들은 그들만의 전통 북 등 악기를 가져와 밤늦게까지 춤도 추고 놀았다.

부모들은 무엇보다 자녀가 그린 벽화 앞에서 기념사진을 찍으며 이를 아주 자랑스럽게 여겼다. 부모들은 내게도 "땡큐! 한(Han)!"이라고 감사를 아끼지 않았다. 어떤 부모는 내게 "땡큐! 브루스 리"라고 했다. 내가 가끔 학생들과 놀면서 브루스 리가 영화에서 선보였던 쌍절곤 시범을 보여주곤 했는데 이를 부모에게 가서 이야기한 모양이었다.

학생들과의 벽화 그리기 수업이 잘 끝나자 새로운 프로젝트가 다시 주어졌다. 필라델피아 여름은 무척 덥다. 날씨가 화씨 100도(섭씨 37.7도)가 넘는 날씨가 보통이다. 그런데 이 여름에 다시 학생들과 필라델피아 변두리 벽화작업을 그리라는 미션이 주어진 것이다.

저소득층 지역을 시청에서 벽화 그리기 대상으로 지정한 이유는 이 일대에 범죄가 많이 발생하기 때문이었다. 벽화는 환경을 아름답게 만들어 줌으로 마을 분위기를 바꾸어 주고 결국 범죄율도 줄어들 것이란 판단에서였다.

벽화 팀은 벽화를 그리기에 앞서 먼저 그 동네 구성원들과 충분한 의견 교환 절차를 거친다. 대부분 흑인 동네라 주로 운동 영웅이나 흑인 역사 인물들을 벽화의 주인공으로 결정하는 것이 일반적이었다.

이 무렵 나는 향수병에 걸려 있었다. 그래서 한국풍경을 주제로 한 그림을 그리면 어떨까 싶었다. 한국의 정서적인 화폭을 필라델피아 도심으로 옮겨보고 싶었다. 처음에는 대부분 반대하던 동네 어른들이 아름다운 한국사진을 자꾸 보여주고 내가 해 놓은 드로잉들도 보여주니 찬성을 해주었다.

나는 고등학교 때 수업을 자주 빠지면서 선배들과 그림을 그렸던 '부산 성지곡 수원지'를 마음속에서 되살렸다. 졸졸졸 맑게 흐르던 개울가 풍경들을 하나하나 기억을 더듬어 떠올렸다. 그리고 기초 그림으로 재현해냈다. 내 벽화 파트너도 나의 설명을 듣고 아주 좋다고 해 의기투합했다.

그해 여름은 정말 무더운 날씨였고 육체적으론 힘들었지만 거의 여름 2달간을 '부산 성지곡'의 여름을 상상하며 행복하게 보냈다. 내가 그린 벽화 사이즈는 건물 3층 정도 높이의 대형이었다.

벽화작업 현장에 내가 출석하던 필라델피아 제일장로교회 김만우 목사님이 와서 축복기도를 해주고 시도 지어 줘서 큰 힘이 되었다. 그 시를 소개하고 싶어 함께 싣는다.

# 성지곡 수원지 벽화

마음의 쉼터
마음의 고향
숲이 우거지고 강물이 흐르고
새들이 우짖는 곳
지친 심신이 안식 얻으리

물소리 들리는 듯
바람소리 스치는 듯
숲의 내음 풍기는 듯
꽃향기 그윽히 스며있는 곳

찬란한 햇살 머물면
더욱더 영롱히 살아나는
입체감

노랑나비
갈색 잠자리
파랑새
풍뎅이도 날아들리

손끝에 묻어난
꿈같은 현실 조물주 하나님이 주신 기법
그 앞에 서면
험난한 세파에 시달린 마음도 편안해지누나

언제나
찾고 싶은
마음의 쉼터로 자리 매김 될
마을의 쉼터

찾는 이마다
기쁜 마음 간직하고 돌아가려므나.

– 2002.7.15 이정한 화백의 벽화 앞에서

어느 날은 교회에서 가깝게 지내는 집사님 한 분이 벽화구경을 왔는
데 높은 곳에서 작업하는 나를 향해 매우 흥분된 목소리로 말했다.

"이 집사님! 참새들이 집사님이 그린 나무에 앉으려다 벽에 부딪혀 죽
었어요!"

나는 농담인 줄 알고 내려가 보니, 진짜 참새 세 마리가 죽어 있었다.
벽화 속 나무를 보고 날아오다 벽에 부딪힌 것이 분명했다. 나는 어려서

교과서에서 배웠던 화가 솔거의 '노송 벽화' 이야기가 생각났다. 설마 이런 일이 내게도 일어날 줄 몰랐지만 기분은 참 좋았다.

이날 그 집사님과 나, 그리고 그림 파트너 셋은 벽화 아래에 구덩이를 파고 세 마리 참새를 잘 묻어주었다. 그런 후 나무에 아름다운 새들을 더 많이 그려 넣었다.

이 벽화가 완성된 후 오고 가는 많은 사람들이 그림이 무척 훌륭하다며 칭찬을 많이 해 주었다. 운전하다 그림을 보고는 가족들이 모두 차에서 내려 벽화 앞에서 기념사진을 찍기도 했다. 이곳은 요즘 필라델피아 벽화투어 중 세계 각국 방문객들이 꼭 찾아가는 유명 코스가 되었다.

나는 벽화가 다문화 교육, 도시계획, 정체성, 더 나아가 아름다운 세상을 하나로 만들 수 있는 '소리 없는 평화의 전달자'라고 생각한다. 한국도 앞으로 인구가 증가할 다민족을 위해서 많은 벽화를 남기고 그들에게도 도전과 꿈을 줄 수 있는 환경을 만들어 주었으면 한다.

한국도 점점 다문화 사회로 바뀌고 있다. 따라서 20년 후에는 다민족 가정에서 훌륭한 인재들이 많이 나올 것으로 생각한다. 다문화 가정 자녀들이 이제 5년 10년 후면 국내 각 분야에서 중요한 일꾼으로 자리 잡게 될 것이다. 그들이 각자가 가진 DNA를 최대한 발휘해서 한국을 발전시키는 중요한 인재가 될 수 있다는 사실을 잊어선 안 된다.

그러므로 다문화 가정의 아이들을 왕따 하거나 무시해선 안 되며 그들이 효과적인 교육을 받고 한국의 중요한 구성원이 되도록 돕는 것이 한국이 앞으로 더 잘살게 되는 길이라고 믿는다. 다문화가정의 문화를 인정해 주고 그들의 정체성에 관심을 갖는 과학적이고 효과적인 교육

시스템도 도입해야 한다. 세계 각국이 펼치는 무한경쟁시대에 이들이 소중한 인적자원이 된다는 사실을 깨달아야 한다.

이들에 대한 관심을 촉구하면서 한국도 도시환경을 생각해 멋진 벽화를 곳곳에 그릴 수 있는 문화적 선진국이 되자는 것이 나의 희망사항이다.

# 미국을 움직이는 힘

사람을 위해 함께 하는 일, 그리고 예술에 대해서 함께 이야기하는 것

벽화작업을 하면서도 대학에서 가르치는 꿈을 한 번도 버리지 않았다. 언젠가는 강단에 서 있을 내 모습을 그리며 꿈을 키워 나갔다. 항상 대학에 대한 정보를 꾸준하게 찾아보고 또 인터넷을 검색했다. 내가 가만히 있다고 기회가 저절로 찾아와 주는 법은 없기 때문이다.

모교인 펜실베니아대학을 자주 찾아가 교실 앞쪽에 수없이 붙어있던 공고지 중에서 혹시 나에게 교수 자리를 줄 수 있는 학교는 없는지 살펴보았다.

수없이 많은 원서를 끈질기게 보냈었는데 어느 날 학교에서 인터뷰하자고 연락이 왔다. 너무나 많은 원서를 사방팔방으로 줄기차게 보냈기 때문에 어느 대학에서 연락이 왔는지도 몰랐는데 알고 보니 대학이 아니라 첼튼햄 지역의 아트센터(Cheltenham Art Center)였다. 한국으로

치면 지역의 문화센터 성격인데 수강자들이 아마추어 수준은 넘어섰다.

나는 조건을 따질 것도 없이 인터뷰 날짜를 정해 센터 원장을 만났다. 여자 원장이었는데 '시카고 예술대학'을 졸업한 화가였다. 내 이력서를 자세히 보았다고 하면서 강의를 해달라고 바로 요청이 왔다. 나는 지역민을 대상으로 페인팅과 드로잉 수업을 하기로 했다. 강의 대상자들은 만나 보니 시간이 많이 남는 나이가 많으신 분들이 대부분이었다.

바로 강의를 시작했는데 노인들 외에도 대학입학을 준비하는 남녀 학생들도 간혹 끼어 있었다. 나는 이곳에서 학생들에게 두 과목을 최선을 다해 가르쳤다. 모두 열심히 수업을 받았다.

첼튼햄 아트센터의 건물은 돌로 지어진 역사가 오래된 건물이다. 무엇보다도 갤러리 공간이 넓게 되어 있었고, 주로 연극을 공연하는 극장도 아주 잘 지어져 있었다.

이 아트센터는 1940년 이곳 지역 출신인 그레디 와그너(Glady Wagner)와 토벨레(Tobeleah Wechsler), 헬렌 포스터(Helen Foster)란 세 여성이 지역문화발전을 위해 건물을 기부하면서 시작됐다. 당시 그들이 내건 설립취지가 참 좋았다.

그 내용은 '사람을 위해 함께 하는 일, 그리고 예술에 대해서 함께 이야기하는 것(for people to work together and talk together about art)'이다. 신기한 것은 수십 년이 지난 지금에도 이분들의 뜻이 존중되고 이어지면서 이 아트센터가 변함없이 잘 운영되고 있다는 사실이다.

또 지역사회의 많은 분들이 기부한 기금으로 이 센터가 운영되고 있었다. 원장을 비롯 많은 분들이 자원봉사로 일하고 있었기에 적은 비용으로도 가능한 운영이었다.

그래서 이곳 대부분의 교수도 나이 드신 분들이며, 정년퇴직한 교사, 교수들이 주로 많았다. 나는 이곳 센터에서 학생들을 가르치면서 아주 유익한 프로그램이라고 생각되어 한인사회에서도 이용하라고 부단히 광고했다. 예술에 관심이 있는 한인이라면 어느 분이든 환영한다고 했다. 그 결과 3개월 만에 세 명의 한인 중년 부인들이 내 강의에 수강신청을 하게 되었다. 그분들은 뛰어나게 그림에 소질이 많았고, 50세가 넘은 한 분은 꼭 미술대에 진학해 공부하고 싶다고 소망을 내비쳤다. 나도 적극적으로 권장했다. 공부는 나이를 초월해 자기 성취를 이루는 것이라 확신하기 때문이다.

이 아트센터에 몸을 담고 있는 동안 나는 새로운 일을 벌였다. 한국의 미술작가들을 이곳에 초청한 것이다. 그리고 아름다운 한국 문화를 이 지역 분들에게 소개하는 가교 역할을 했다. 한국 화가들의 그림으로 전시회를 열고 판매도 했는데 제법 많은 그림이 팔렸다. 많은 돈은 아니었지만 역사 이래로 한국 사람들이 처음으로 이 아트센터에 기부금도 건네 흐뭇했다.

처음에는 미술 교류전으로 시작했지만, 점차로 발전을 해 훗날 3년 후에는 코리아 페스티벌(Korea festival)로 발전했다. 아트센터 측에서 좋아 어쩔 줄을 모르던 얼굴들이 아직 눈에 생생하다.

내가 가르치던 노인 수강생들은 어린애들처럼 온순했다. 뭐든 시키는 대로 잘 따라왔다. 또 매일 손수 구운 쿠키, 손수 만든 빵들을 가지고 와 선물로 건네주곤 했다. 벽화작업 때 중학생들과 고생하던 일과 비교하면 완전히 다른 세계였다.

이것도 결국 미국 주류사회에서 가르치는 방법을 하나하나 체득하고 준비할 수 있는 단계였다. 미국에는 지역별로 이런 아트센터나 운동을 할 수 있는 시설을 쉽게 찾아볼 수 있는데 나이든 사람들은 이곳에서 나름대로 노후를 유익하게 보내고들 있다. 이곳 지역 몇몇 노인들은 한국전에도 참가했다. 그분들은 1950년대 전쟁 전후의 한국 실정을 기억하며 한국의 빠른 발전을 놀라워했다.

나는 이곳 아트센터에서 4년간 몸담아 학생을 가르쳤다. 그런데 한 번도 예산이 모자란다는 생각을 못 했다. 알고 보니 이곳 지역 주민들이 많든 적든 모두 이곳에 후원금을 냈다. 후원금을 내는 사람들은 예술을 사랑하든 안 하든지 관계없이 단지 이 지역을 사랑하기 때문에 내는 것이었다.

나는 이곳에서 강의하면서 기부를 하러 온 사람들을 자주 볼 수 있었다. 제법 큰 액수를 냈다고 들었는데 그들이 직접 운전해 타고 온 차는 낡거나 소형차인 경우도 많았다. 기부한 금액으로 자동차 몇 대를 살 수 있음에도 그들은 기부에 대한 각별한 가치를 두는 것을 볼 수 있었다. 바로 이런 것이 미국을 움직이는 힘이 아닌가 느껴졌다.

미국은 자녀들에게 공부는 시켜주지만 재산 대부분은 사회로 기부하는 경우가 아주 많다. 자녀들이 학교에 다니는 동안에 빌린 학자금은 졸업 후 자녀들이 각자 갚게 한다. 이는 자녀들에게 자립정신을 세워주는 것이기도 하다.

첼튼햄 아트센터 강의 4년은 나의 미국생활에서 교수가 되기 전 준비단계 역할을 해준 기간이다. 미국의 저력이 어디서 나오는지를 확인하며 노인들을 더욱 깊이 이해할 수 있었던 소중한 시간이었다.

# 천국과 지옥을 오가다

나는 학장 앞인데도 불구하고 난생처음으로 엉엉 소리를 내며 울어 버렸다.

아트센터에서 학생들을 가르치는 아르바이트를 하면서도 미국 내 각 대학교에 교수지원서를 계속해서 보냈다. 지금까지 배운 것을 쏟아 놓고 싶은 열정이 넘쳤기에 대학에 지원서를 보내는 것은 내게 거의 일상이 되다시피 했다.

그런데 어느 날 필라델피아 근교의 한 대학에서 인터뷰 제의가 들어왔다. 바로 홀리패밀리대학교(Holy Family University)였다. 이 학교에 대해 여러 가지로 조사해 보니 우선 내가 사는 곳이어서 지역도 좋았고 종합대학이라 규모도 큰 편이었다.

연락 후 드디어 인터뷰 날짜가 잡혔다. 나는 전날 밤 늦은 시간임에도 불구하고 출석하던 교회에 가서 몇 시간 간절히 기도했다.

"주님. 학생을 가르치고 싶습니다. 오랫동안 공부한 것들을 이제 나누어야 할 때입니다. 또 제대로 된 직장에서 일해야 남편으로 아버지로 위신이 섭니다. 이번 인터뷰가 잘 되어 강단에 꼭 서게 해주세요."

밤늦은 시간이라 교회에 아무도 없었다. 나는 마음껏 소리를 내면서 주님께 기도했다. 기도하다 보니 그동안 아무에게도 말 못했던 서러움, 어려웠던 미국 이민 시절들이 뇌리에 하나하나 스크린처럼 지나가면서 울컥 울음도 터져 나왔다. 이번 인터뷰가 내겐 정말 소중한 기회라 놓치고 싶지 않았기 때문이다.

세 시간 정도 기도를 마치고 교회 문을 나설 때 내 기분은 금방이라도 교수가 되어 출근하는 것 같았다. 푸르스름한 밤하늘에 떠 있던 달은 그날따라 참 밝고 아름다웠다. 나를 향해 비춰주는 달그림자를 밟으며 교회를 빠져나왔다.

다음 날 홀리패밀리대학교로 찾아갔는데 깜짝 놀랐다. 내가 받은 인터뷰 대기번호표가 900번이었기 때문이다. 접수자들이 계속해서 인터뷰하고 있었고 나는 자동차 안에서 순서를 기다렸다. 어찌나 조급하고 떨리는지 말로서 표현하기가 어려울 정도였다. 평소 가지고 다니던 조그마한 스케치북에 기도의 글을 쓰고 또 썼다. 인터뷰할 때 어떤 답변을 할까? 라는 생각보다 그저 기도하고 또 했다.

"꼭! 이 학교에서 저를 뽑게 해주세요! 주님! 제발 저를 꼭 도와주세요!"

드디어 손에 찬 땀을 말끔히 닦고 학장실을 노크하고 들어갔다. 놀랍게도 학장이 수녀님이었다. 이 대학도 가톨릭(Catholic) 계열의 대학이었던 것이다.

학장은 내게 유난히 환하게 웃으면서 자리에 앉으라고 하더니 언제

U-Penn(펜실베니아대학원)을 졸업했느냐고 첫 질문을 던졌다. 2001년에 MFA를 졸업했다고 대답했다. 긴장했던 나는 그제야 제대로 고개를 들고 학장 얼굴을 자세히 바라보았다.

알고 보니 학장은 U-Penn에서 철학박사(Ph.D)를 받으신 분이었다. 그분과 나는 대학에 대해 이런저런 이야기를 나누었고 대화가 잘 되었다. 내가 벽화작업을 열심히 했고 아트센터에서 학생들을 지도하는 것을 아주 의미 있게 평가해 주었다.

하나님은 내 기도에 멋지게 응답해 주셨다. 그 수백 명의 지원자 중에 내가 최종적으로 뽑혀 강단에 서게 된 것이다. 나는 날아갈 것처럼 기뻤다.

한국은 혈연 지연이 연결돼 상부상조하는 문화가 발달해 있다. 그런데 이런 사회구조는 미국도 예외가 아니다. 사람이 살아가는 사회는 어디나 서로 비슷하다. 무엇이든 공통분모가 연결되면 쉽게 결속이 되곤 한다. 미국은 내가 생각했던 것 이상으로 이 인맥이 엄청나게 중요한 구조를 가진 사회라고 생각한다. 이런 점에서 나 역시 학교 인맥인 펜실베니아대학 동창 인연으로 미국에서 처음으로 큰 혜택을 얻은 셈이다. 물론 이것이 다가 아니고 경력도 많이 작용했겠지만 무척 되기 힘든 대학교수 자리를 얻게 된 데에는 학연이 많이 작용했음이 사실이다.

첫날, 학교에 출근할 때 어찌나 기분이 좋은지 자동차를 탄 것이 아니라 구름을 타고 출근을 하는 것 같았다.

나의 첫 수업은 학생들에게 미술의 기본인 수채화와 드로잉을 가르치는 것으로 시작했다. 그동안 벽화작업을 통해 그리고 아트센터의 경험을 거울삼아 열심히 연구한 교육방법을 시도해 효과가 나타났다.

미국 학생들을 가르친다는 것은 그렇게 만만하지 않다. 보이지 않게 유색인을 우습게 보려는 마음이 있기에 나름대로 준비를 철저히 해서 담대하게 강의를 해야 했다. 정말 강의 준비를 열심히 했던 것 같다. 혹시라도 흠이 잡히지 않도록 강의안을 철저히 준비했다.

그런데 학교에서 강의한 지 보름 정도가 지난 무렵이었다. 학교 교무처에서 내게 신분에 관한 서류들을 제출해 달라고 연락이 왔다. 나는 아무 생각 없이 한국 여권과 비자, 노동허가서 등을 제출했다.

강의 도중이었는데 학교 측에서 급하게 나를 찾는 연락이 왔다. 사무실로 가 보니 내 비자가 미국에서 일할 수 없는 여권이라고 하는 것이 아닌가. 이 무렵 나는 노동허가(Social Work)가 만기 되어 다시 갱신해야 할 때였다. 그런데 대학에서는 노동허가가 아닌 최소 영주권을 요청했다.

하늘이 노래지는 것 같았다. 왜 미리 영주권을 받지 않았나 후회가 되었지만 법적인 부분을 중요시하는 미국에서 예외란 없었다. 이때의 암담함은 말로 글로 표현할 수 없다. 일단 변호사를 통해 영주권을 진행하는 과정과 노동허가의 갱신 여부에 대한 상세한 이유를 문서화 해 학교 교무처로 제출했다. 또 직접 변호사가 학교로 전화를 해 선처를 요청했다.

그러나 학교 측에서는 고개를 저었다. 아주 단호했다. 안타깝지만 정식 직원이 되려면 법적 예외를 둘 수 없다는 입장이었다. 나는 일단 내가 해볼 수 있던 선에서 최선을 다해 보기로 했다. 정말 어렵게 얻은 교수 자리를 지키고 싶었다. 나의 노력을 안타깝게 지켜보던 학장 수녀님이 나를 자신의 집무실로 조용히 불렀다.

"Han! 나도 정말 아쉽네요. 그러나 우리가 원칙을 허물 수는 없답니다. 한이 열심히 수속을 마치고 영주권을 받고 난 뒤 다시 학교로 오면 어떻겠어요? 우린 언제라도 한을 기다릴게요."

나는 학장 앞인데도 불구하고 난생처음으로 엉엉 소리를 내며 울어버렸다. 지금까지 쌓아온 모든 것들이 단숨에 와르르 무너져 내리는 마음이 들었기 때문이다.

학장실을 나온 나는 학교 잔디밭 벤치에 털썩 주저앉았다. 흐르는 눈물을 주체하지 못했다. 얼마나 울었을까 한참이 지나 화장실에서 거울을 보니 두 눈이 퉁퉁 부어 있을 정도였다. 분명 나의 간절한 기도에 하나님께서 응답해 주신 것으로 알았는데 왜 또 이런 시련을 주시는지 이해를 하지 못했다.

'하나님. 왜 이런 일이 생기는 것인가요? 제가 무엇을 잘못했나요?'

마음속에서 눈물을 흘리며 기도하는 내게 마음 한편에서 내밀한 음성이 들리는 것 같았다.

'아들아. 내가 너를 사랑하기에 이런 어려움을 주는 거란다. 이 어려움이 당장은 고통일지라도 종국에는 감사와 기쁨이 될 것이다.'

실컷 울어서일까. 갑자기 마음이 편안해지고 더 좋은 일이 생길 것이라는 확신이 들었다. 나는 어깨를 펴고 심호흡했다. 이 대학보다 더 좋은 곳에 나를 보내려 더 준비시킨다고 여기기로 했다. 당장은 사방이 막혀 있지만 하늘은 뚫려 있다는 나만의 주문을 다시 외웠다.

사실 이 경험 이후 나는 어려움과 역경이 있을 때마다 신기하게도 전혀 하나님을 원망하지 않는 습관이 생겼다. 항상 '또 하나님께서 뭔가 이유가 있으시겠지.'라고 속으로 생각을 하거나 '더 좋은 것을 주시기 위한 예비단계'라고 생각하게 되었다.

결국 강의를 맡은 지 두 달도 채 못 되어 교수 자리를 잃은 나는 또다시 내가 가야 할 길을 새로 찾아야 했다. 그러나 지금 생각하면 이 짧은 기간의 강의가 내겐 매우 유익했고 나를 더 발전적으로 이끄는 계기가 되어 주었음을 감사하게 생각한다.

그것은 막상 강의해 보니 내게 부족한 것이 무엇인지가 느껴졌고 공부를 더 해야겠다는 생각이 들어 나중에 컬럼비아대학원 박사과정에 들어가게 된 것이다. 교수란 직업은 단지 자신의 전공만 잘하면 되는 것이 아니라 미국의 역사와 환경까지 모두 잘 알아야 한다고 판단했기 때문이다.

당시엔 큰 상처를 받았지만 지나고 보니 하나님께 감사하게 된다. 그 무렵 푸른 가을 하늘은 어찌나 내 마음을 차갑게 만들었던지 한동안 가을 하늘을 쳐다보지도 않았다.

이후 나는 신분 문제로 고민하는 이민자들을 볼 때 그냥 쉽게 넘어가는 일이 없다. 꼭 보탬이 되도록 내 경험을 이야기하면서 최선을 다해 도와주려고 노력한다.

우리 인생길에 독불장군은 없다. 내가 도움을 받았으면 그만큼 또 다른 사람을 도와주어야 한다. 하나님은 우리에게 '네 이웃을 사랑하라'고 가르치신다. 이 지상명령을 우리는 사회생활을 통해 열심히 실천하려고 노력해야 한다.

# 컬럼비아대학 박사과정에 입학하다

이제 내가 컬럼비아대학을 접수한다.
경상도 사나이의 저력과 매운맛을 유감없이 보여주마!

나는 처음부터 미국에서 박사과정까지 공부하겠다는 생각은 하지 않았다. 그러나 학문의 세계에 점점 진입하면서 어려운 과정을 극복해 성취를 따낼 때마다 강한 희열을 맛보았다. 도저히 안 될 것 같았던 것들이 현실로 이뤄지고 열매가 맺히면서 새로운 것에 도전하는 것이 재미도 있었다.

2001년 펜실베니아대학교에서 미술석사(회화과)를 졸업하고 필라델피아 시청 소속 벽화작업과 첼튼햄 아트센터 강의를 하던 나는 박사과정에 도전해 공부를 더 하고 싶었다. 사실 강의를 하려고 해도 인터뷰 기회조차 잡기가 어려웠으므로 공부를 더 해서 조건(스펙)을 더 갖출 필요가 있다고 느낀 것도 하나의 이유가 되었다. 사범대학원에 가서 공부를 더 해야겠다는 생각을 한 것이다.

우선 나는 필라델피아에 있는 템플대학(Temple University) 그리고
뉴욕에 있는 컬럼비아대학(Columbia University), 보스턴에 있는 하버드
대학(Harvard University) 이 세 곳의 사범대학원 박사과정에 입학원서
를 넣었다. 세 곳 다 미국에서 인정하는 명문 대학들이다. 제일 먼저 연
락 온 곳이 템플대학이었다. 일단 인터뷰 일정을 잡았다.

템플대학은 아이비리그에 속해 있는 대학은 아니지만 교육대학으로
선 세계적으로 인정하는 사립대학이다. 사립대학인데도 주립대학보다
도 학비가 저렴하고 각종 장학금 혜택도 아주 많다. 특히 학교 졸업생
들이 기부를 많이 해 재단이 아주 단단한 편이다. 미국의 흑인 코미디언
겸 배우인 코스비가 이 학교 출신이다.

또 미국 대통령 오바마 캠프의 교육자문 린다 교수(컬럼비아대학)가
이 학교 출신이다. 훗날 내가 컬럼비아 사범대학에서 공부할 때 린다 교
수의 강의를 들어 그녀와 친분을 쌓았었다. 이런 관계로 오바마가 미국
대통령 후보 시절 컬럼비아대학을 방문했고 린다 교수가 나를 조용히

불러 오바마와 커피를 마시며 첫 대면을 하게 해 준 분이기도 하다. 오바마가 대통령 당선 후 3년이 지난 후 내가 백악관을 방문, 한국 교육에 대해 설명을 할 수 있었던 것도 결국 린다 교수 덕분이다.

템플대학 인터뷰에서 학교는 내게 아주 좋은 조건을 제시했다. 학비 전액 장학금을 주고 학부 학생들을 가르칠 수 있도록 기회를 주겠다는 것이었다.

컬럼비아대학에서도 인터뷰 연락이 와서 뉴욕으로 갔다. 뉴욕은 이곳 필라델피아에서 기차로 약 1시간 20분 정도 걸려 크게 먼 거리가 아니다. 컬럼비아 사범대학을 찾아가 보니 오랜 역사가 물씬 느껴졌다. 운치 있는 천장에 붉은색 벽돌과 돌로 지어진 육중한 건물이 바로 사범대학이었다.

특히 이곳 컬럼비아 사범대학은 따로 총장이 있다. 대부분 학교는 총장이 한 분이고 각각 단과대학으로서의 학장들이 있는 것이 보통인데 이곳은 별도의 학교제도와 독자적인 총장이 있는 것이 특이하다.

한국에서 이화여대 총장을 지낸 김활란 박사와 한양대학교 총장이었던 김종량 박사도 이 학교 출신이다. 나는 교수 네 분과 긴 인터뷰를 끝냈다. 내용은 보통 일반상식들이었고 수염이 텁수룩하게 난 호주 출신 교수가 내가 한국에서 유학 온 것에 많은 관심을 가져 주었다. 그는 나를 캠퍼스 이곳저곳을 데리고 다니며 소상히 구경시켜 주었다.

하버드대학에서도 인터뷰 메시지가 왔다. 보스턴은 내가 있는 필라델피아에서 기차로 약 6시간 30분 정도 걸리는 꽤 먼 거리다. 이것도 미국 엠츄렉(Amtrak Train) 즉 급행열차로 걸리는 시간이다.

하버드대학은 명문 대학답게 건물 전체가 웅장하고 학구적인 분위기가 곳곳에서 느껴졌다. 약 30분 정도 인터뷰를 했다. 두 분 교수와 인터뷰를 했는데 간단한 질문이 주를 이뤘고 약간의 농담과 엉뚱한 질문도 해왔다. 그러고는 대학원생을 시켜 학교 캠퍼스를 구경시켜 주었다.

나는 캠퍼스를 둘러보며 대학원생에게 여러 가지 질문을 했다. 특히 장학금 대해서 물어보았는데 외국 학생들에겐 별로 혜택이 없는 것으로 말했다. 처음에는 외국 학생들에게 제법 많이 장학금을 주었는데 이들이 졸업 후에 학교에 기부금을 별로 내지 않아 어느 날 장학금이 중지되었다는 말을 했는데 그대로 다 믿기는 신빙성이 없어 보였다.

이 학교를 설립한 하버드 목사님의 동상 발이 유난히 반질반질해져 있었다. 손으로 어루만진 흔적이었다. 말인즉 많은 사람들이 이 발을 만지면 하버드에 입학한다는 소문이 있어 이렇게 되었다고 한다. 하버드대학은 외국 고등학교 학생들의 학교 견학으로 인해 항상 붐볐다. 어디에선가 한국말이 들리기도 했다.

그 후 나는 뉴욕 컬럼비아대학과 하버드대학 두 곳 모두 와서 박사과정을 공부하라는 연락을 받았다. 템플대학은 그날 바로 입학을 허가했으므로 3곳 대학 모두에서 입학허가를 받은 셈이다.

아내와 나는 이 중 어느 곳을 택할 것인지 기도로 결정하기로 했다. 학교마다 등록 기간이 그렇게 넉넉하지 않아 빠른 결정을 내려야만 하는 상황이었다. 그리고 출석교회 목사님에게도 조언을 받았다. 그분이 자녀 3남매를 다 미국 아이비리그에 보낸 경험이 있기 때문에 자주 중간 보고를 드렸다.

다른 나라들도 비슷하겠지만 이곳 미국도 대학마다 각기 훌륭한 과가 있다. 가령 펜실베니아대학은 경영학과(Wharton Business school)가

세계 최고로 꼽히고 예일은 법대(Law school), 하버드도 법대, 코넬대학은 호텔경영학과 등이 세계적으로 손꼽힌다.

컬럼비아대학은 사범대학(Teachers College)이 세계 최고라고 주변에서 이야기했다. 내가 공부하려는 것이 사범대학이므로 결론적으로 컬럼비아대학에 가기로 했다. 또 하버드대학이 있는 보스턴은 우리 집에서 너무 먼 거리라 자주 집에 올 수 없고 또 학비도 너무 많이 들어 포기하기로 했다. 그때는 자녀들이 아주 예민할 때고 나의 도움도 필요로 하는 시기였다.

이렇게 뉴욕 컬럼비아대학에 입학해 교문을 힘차게 걸어 들어가던 첫날을 잊지 못한다. 나는 그때 두 주먹을 불끈 쥐고 마음속으로 이렇게 외쳤다.

'이제 내가 컬럼비아대학을 접수한다. 경상도 사나이의 저력과 매운맛을 유감없이 보여주마!'

호 HAN

하나님은 인간에겐 무한한 가능성을 열어 주셨다. 기도하면 지혜와 능력을 주고
필요한 사람을 만나게 하신다. 오히려 이것을 제한하는 것은 자기 자신이다.

# 3

## 나의 소중한 인연들

# 은사(恩師), 안토니오 트리아노 교수

트라아노 교수님, 그분은 내게 영원한 은사요 스승이다.

미국에 도착해 그림공부를 하고 싶어 시튼홀대학 미술학과 문을 처음 두드렸을 때 맨 처음 나를 맞아준 분이 바로 안토니오 트리아노 (Antonio Triano)교수였다.

"저는 한국에서 경영학을 공부했지만 그림을 무척 배우고 싶습니다. 체계적으로 그림을 배운 적은 한 번도 없고요."

"그래요. 미스터 리, 아주 잘 왔어요. 자신이 하고 싶은 것을 배우는 것이 가장 교육 효과가 높아요. 그림의 기초가 일러스트인데 우선 수강 신청을 하도록 해요."

이미 60대 후반의 그 노교수는 온화한 웃음을 지으며 내게 수강절 차를 자세히 안내해 주었다. 나는 그 분이 직접 강의하는 일러스트레이 션(Illustration)과목부터 이후 이런저런 과목까지 차례로 듣기 시작했다.

트리아노 교수는 미국에서 태어났지만 부모가 이탈리아에서 미국으로 이민 온 유럽계였다. 그분이 강의하는 일러스트레이션 수업은 정말 재미있었다.

그러나 유학 초기라 영어 읽기와 듣기가 너무 미숙해 강의 내용을 제대로 알아들을 수 없었다. 대신 나는 나이가 든 만큼 눈치가 빨랐다. 어떻게 그리라는 트리아노 교수의 설명이 끝난 후 학생들을 봐 주느라 교실을 천천히 한 바퀴 돌게 되는데 나는 그 사이에 학생들을 관찰하면서 교수가 지시한 내용을 눈치껏 알아낼 수 있었다. 그래서 시킨 내용을 최대한 실력을 발휘해 작품을 만들면 트리아노 교수와 학생들은 내 작품을 보고 '와'하고 감탄사를 연발하곤 했다.

수업 시작 한 달쯤 지났을 때 트리아노 교수가 나를 불렀다.

"미스터 리, 영어가 부족해 내 말 잘 이해하지 못하는 것 알아요. 그러나 걱정하지 말고 열심히 해요. 미스터 리는 미술에 굉장한 자질이 있어요. 좋은 소질을 가졌으니 열심히 하면 훌륭한 작품을 그릴 수 있게 될 거예요."

엄지를 치켜세우며 격려해 준 그분의 칭찬 한마디는 당시 의기소침해 있던 내게 엄청난 자신감을 불어넣어주었다. 지금 생각해 보면 그것이 미국식 교육스타일이 아닌가 생각된다. 먼저 학생들을 관찰해 무엇이 부족하고 무엇을 잘하는지 파악해 거기에 맞는 조언과 격려를 지혜롭게 해준다는 사실이다.

얼떨떨하게 시작된 나의 미국 유학생활은 트리아노 교수와의 만남을 통해 많이 바뀌었다. 특히 내 성격이 더 긍정적이고 부드럽게 바뀌는데 트리아노 교수가 큰 영향을 미쳤음을 인정하지 않을 수 없다.

어느 날, 수업 중에 교실에 있는 자동연필깎이가 고장 났다. 그런데 트리아노 교수가 스무 명 남짓한 학생들에게 필요한 연필을 일일이 깎아주는 게 아닌가. 나는 굉장히 놀랐다. 학생 입장에서 생각하고 배려해주는 모습이 역력했다. 트리아노 교수는 누구에게나 진솔한 사랑으로 대하고 있었다.

나는 수업도 열심히 들었고 과제도 잘했기에 학기말 성적은 좋은 점수가 나올 것이라 확신했다. 그런데 학교에서 날아온 성적표를 보니 모두 A인데 B플러스가 딱 한 과목 끼어 있었다. 다름 아닌 트리아노 교수가 강의한 과목이어서 나는 큰 충격을 받았다. 누구보다 나를 격려하고 잘한다고 해주던 분이어서 당연히 A 학점을 줄 줄 알았는데 그것이 아니었던 것이다.

당시 나는 이곳에서 대학을 마치고 아이비리그(Ivy League)에 속한 대학원 한 곳에 들어가려는 야심 찬 계획을 갖고 있었다. 아이비리그란 미국 동부에 있는 8개 명문 사립대학을 통틀어 부르는 말이다.

이 8개 대학은 브라운대학, 컬럼비아대학, 코넬대학, 다트머스대학, 하버드대학, 펜실베니아대학, 프린스턴대학, 예일대학이다. 이들 대학이 모두 담쟁이덩굴(Ivy)로 덮인 건물이 많아 붙여졌다는 이야기도 있고 1954년부터 이 8개 대학이 아이비그룹 협정을 맺어 1년에 한 번씩 미식축구 경기를 열기로 해서 아이비리그가 시작됐다고도 한다. 이들 대학이 모두 역사와 전통을 자랑하는 명문 대학이다 보니 아이비리그가 명문 사립대학을 일컫는 일반명사가 된 것이다.

대학학점에 B플러스가 있으면 아이비리그 대학원에 들어가기 힘들다고 주워들은 적이 있었다. 그래서 학부에서 '올 A'를 받겠다는 생각에 불타 열심히 공부하고 있었는데 트리아노 교수의 한 과목이 B플러스를 받아 억장이 무너져 내렸다.

나는 이 과목을 다시 듣는 것도 생각했지만 한국적 방식을 택해 보기로 했다. 그해 겨울은 유난히 눈이 많이 왔는데 나는 트리아노 교수의 집에 찾아가 눈을 치우는 일을 시작했다. 내가 지내던 숙소와 교수의 집과는 차로 5분 거리밖에 되지 않는 위치여서 눈이 오다가 그치면 재빨리 삽을 들고 트리아노 교수 집에 가서 열심히 눈을 치웠다.

이렇게 몇 번 눈을 치우자 트리아노 교수 사모님이 밖으로 나왔다.

"한, 도대체 무슨 일이에요?"

그리고 집으로 들어오라고 말했다. 나는 그저 눈 치우는 게 재미있고 하고 싶어서 한다고 둘러댔다. 이후 나는 눈만 오면 삽과 빗자루를 자동차에 싣고 트리아노 교수 집으로 갔다.

드디어 트리아노 교수가 나를 학교 연구실로 불렀다.

"한, 왜 우리 집까지 와서 눈을 치우지? 이젠 그렇게 하지 않는 게 좋을 것 같아. 내가 충분히 치울 수 있거든."

나는 'yes'라고 짧게 대답했다. 상황은 그렇게 종료됐다. 하지만 나는 이후에도 계속 눈을 치웠다. 트리아노 교수는 나의 행동에 계속 의아해하다가 나를 불러 다시 한 번 그 이유를 물었다.

나는 바로 이때다 생각하고 나의 속내를 그대로 고백했다.

"제가 앞으로 대학원에 진학할 터인데, B플러스가 있으면 진학하고 싶은 명문 대학에 못 들어갈 수도 있습니다. 저의 장래를 위해 학점을 A로 혹시 바꿔줄 순 없을까요?"

예상은 했지만 트리아노 교수는 아연실색했다. 단칼에 거절하며 나를 이상한 눈빛으로 쳐다보았다. 미국에서 인정은 절대 통하지 않는다. 공과 사가 엄격히 구분되는 사회였다. 나는 평소 트리아노 교수의 성격을 잘 아는 터라 거절당할 것을 예상하고 있어서 그리 섭섭하지 않았다.

그래도 나는 끈질기게 눈을 치웠고 트리아노 교수 부인도 나를 볼 때마다 '한, 제발 그만해요!' 하고 간곡하게 애원할 정도였다. 나는 1970년대 말, 한국에서 육군 사병으로 군 복무했는데 그때 가장 많이 사용했던 구호가 바로 '안 되면 되게 하라!'였다. 나는 군 시절의 경험과 구호를 미국에 와서 엉뚱한 방법으로 적용하게 된 셈이다.

그렇게 두 달이 지났을 때 트리아노 교수가 갑자기 나를 연구실로 호출했다. 그러고는 벽지(Wall Paper)에 대해 A4용지 10장 정도 리포트를 작성해 오라고 숙제를 내주었다.

나는 이 절호의 기회를 다시 놓치지 않으려고 도서관을 찾아 헤매며 최선을 다해 리포트를 작성했다. 이 리포트를 본 트리아노 교수는 결국 내게 A 학점을 주었다. 나의 끈기가 승리한 순간이기도 했다.

나는 이후에도 하얀 눈이 펑펑 내리면 트리아노 교수의 집을 찾아가 눈을 치우곤 했다. 목적을 달성했다고 이내 마음을 달리하는 모습을 보이기 싫었다. 또한 정말 감사하고 순수한 마음으로 돕고 싶었다.

트리아노 교수가 내가 대학원 입학 원서를 넣을 때 추천서를 직접 써 주어 얼마나 감사했는지 모른다. 트리아노 교수는 내가 대학원에 입학한 해 가을에 갑자기 암(癌)으로 세상을 떠나셨다. 참 많이 슬퍼했던 기억이 난다.

지금도 눈이 오면 트리아노 교수 내외가 생각난다. 그분의 집 앞마당이 생각나고, 강의 중인 노교수들을 볼 때면 역시 그분의 환하게 웃는 모습이 아른거린다.

언젠가 갑자기 트리아노 교수가 너무 보고 싶어 텅 빈 기차를 타고 시튼홀대학을 찾았다. 학교 카페테리아에 걸린 그분의 작품 앞에서 나는 그동안 이곳저곳에서 그린 스케치북을 꺼냈다. 그리고 드로잉한 것들을 그분께 보여주면서 한참 동안 소리 없는 대화를 나누었다.

트리아노 교수는 자신이 소장한 모든 그림을 학교에 기부했는데 그 작품들은 시튼홀대학교 1층 도서관에 전시되어 있다. 그분은 이미 돌아가셨지만 진정한 교수의 길이 무엇인지, 학생을 어떻게 대해야 하는지 진실한 사랑이 무엇인지 내게 가르쳐 준 진정한 스승이다.

나도 이제 학생을 가르치는 교수로서 그분의 교수법과 학생을 대하는 태도를 항상 닮아가려고 노력하고 있다.

트리아노 교수님, 그분은 내게 영원한 은사요 스승이다. 올해도 함박눈이 내리면 그분의 집 앞으로 달려가던 날들이 떠올라 혼자 피식 웃을 것 같다.

# 아버지가 되어 준 신호범(Paull Shin) 美 상원의원

아들아, 나는 너를 믿는다(My Son! I trust in you).

한국인으로서는 물론 아시아계 최초로 미국 상원의원이 된 정치인이 있다. 미국의 정치 1번지 워싱턴 주의 신호범(Paull Shin) 의원이다. 그는 18세에 한국에서 미국으로 입양돼 워싱턴주립대학에서 동양역사학 박사학위를 취득하고 하와이대학, 쇼어라인대학, 메릴랜드대학 등에서 교수로 재직했다. 1992년 워싱턴 주 하원의원을 거쳐 1994년 상원의원이 됐다. 2006년 선거에서는 미국 정치 역사상 유례가 없는 무투표 99.7%로 당선돼 정계를 놀라게 한 분이다. 그가 워싱턴 유권자 2만 9000가구를 일일이 찾아다니며 지지를 호소한 일은 유명한 일화로 남아 있다.

신호범 의원이 갖은 역경을 딛고 미국 정계에 진출, 활발한 의정활동을 하는 것에 미국에 뿌리를 내리고 사는 한국인들은 큰 자긍심을 갖고 있다. 나 역시 이 사실에 항상 뿌듯한 마음을 갖고 존경해오고 있었

다.

　독실한 크리스천인 그분은 바쁜 일정 가운데서도 한인교회를 돌며 자신의 삶을 통해 하나님을 증거하고 많은 교포, 이민 성도들에게 용기와 힘을 실어주고 있었다. 내가 그분을 만나 의부(義父), 즉 양아버지로 삼기로 하고 깊은 교제를 나누고 있는 것이 너무나 기쁘고 자랑스럽다.

　내가 양아버지를 맨 처음 뵌 곳은 한인교회였다. 당시 난 학교기숙사에 머물며 학업에 몰두하다 토요일이면 아내가 학교로 나를 데리러 와 주말을 집에서 보냈다. 주일이면 우리 가족은 근처 한인교회에 나갔다. 무엇보다 나를 즐겁게 해 준 것은 예배 후 뷔페로 먹는 한식이었다. 일주일간 기숙사 음식에 질린 내겐 한식으로 차려진 음식들은 너무나 맛있는 만찬이었다. 더구나 이때 반찬이 남으면 기숙사생활을 하고 있는 것을 아는 한 집사님이 학교에 가서 먹으라며 정성스레 싸 주던 사랑을 잊을 수 없다.

1999년 가을로 기억된다. 학교 근처의 다른 한인교회에서 외부 강사를 초빙해 예배를 드린다는 광고를 접했는데 그 강사가 바로 폴 신(신호범) 상원의원이었다. 나는 그분을 꼭 만나고 싶어 일부러 그날을 기다려 교회를 찾았다. 교회에서 처음 본 신 의원님은 정치인의 이미지보다 마음씨 좋은 시골 아저씨 같은 느낌이었다. 머리가 약간 희끗희끗하면서 어린애처럼 해맑게 웃는 모습이 아주 천진해 보였다.

교회 장로로서 복음을 전하겠다는 사명감으로 펼치는 신 의원님의 간증은 내게 매우 감동적이었다. 거리의 소년으로 떠돌다 한국을 떠났던 그가 가족도 친구도 없이 홀로 고통받았던 숱한 세월을 이겨내고 교수로, 정치인으로 우뚝 선 그의 삶이 하나님의 인도와 은혜 때문이라고 고백하는 것에서 존경심이 절로 우러나왔다. 갑자기 나의 친아버지였으면 얼마나 좋을까 하는 느낌을 강하게 받았다.

나는 아버지께서 일찍 돌아가셔서 언제나 아버지에 대한 그리움이 가득했다. 더구나 아내는 가끔 남들처럼 시아버지 사랑을 받고 싶은데 시아버지가 없다는 불만을 토로해 미안하기도 했다.

간증으로 알게 된 신 의원님의 인생스토리는 한국전쟁이 빚어낸 비극과 아픔의 역사이기도 하다. 경기도 파주에서 태어나 4살 때 고아가 되었고 거리를 떠돌다 한국전쟁이 일어난 뒤 주한 미군 부대에서 일명 '하우스 보이'로 일했다.

1954년 미국인 치과 장교에게 입양됐고 한국에서 초등학교도 다니지 못했으나 매일 3시간만 자고 영어공부에 몰두해 1년 4개월 만에 미국의 대입 검정고시인 GED를 통과했다. 늦게 교육을 받았지만 양부모님의 따뜻한 사랑과 보살핌, 격려로 오늘의 자신이 있었노라고 눈물을 흘리시며 간증하셨다. 미국인 양부모님은 항상 자신에게 이렇게 말씀하셨다고 한다.

"아들아, 나는 너를 믿는다(My Son! I trust in you)"

이 말이 자신에게 항상 용기를 주고 인생항로를 잘 이끄는 원동력이 됐다고 했다. 또 32년 동안 대학교수로 생활하다 정치를 시작한 동기를 들려주셨다.

"내가 미군으로 복무할 때 동료들과 외출을 나갔어요. 어느 식당에 갔는데 백인만 들어갈 수 있는 곳인데 친구들이 함께 가자는 권유로 얼떨결에 들어갔지요. 그런데 매니저가 저를 보자마자 나가라고 하면서 나를 끌어 밖으로 내동댕이쳤어요. 정말 이때 엄청난 모욕감을 느꼈습니다. 내가 후일 정치가가 되어 꼭 이 인종차별법을 바꿀 것이라고 몇 번이고 다짐했습니다."

그분은 하나님께서는 분명 살아계신다고 말씀하시면서 '우리가 하나님의 뜻에 합당한 꿈을 꾸고 이를 위해 꾸준히 기도하면 반드시 응답해 주신다'며 밝은 웃음을 보였다.

나는 그분의 간증을 하나도 빠뜨리지 않고 가슴 깊이 꼭꼭 담아 놓았다. 말은 쉽게 하지만 저분의 웃음 뒤에는 얼마나 많은 시련과 역경의 시간이 따랐을까 생각하니 나 역시 눈시울이 붉어졌다.

하나님께서 저분을 참으로 크게 귀하게 사용하고 계신다는 생각을 가지며 집으로 돌아왔다. 사실 가까이 다가가 대화를 나누고 싶었지만 내가 출석하는 교회가 아니어서 간단히 인사만 드리고 돌아왔다. 아쉬움이 많았다. 저분을 아버지로 모시고 싶다는 생각이 가슴에서부터 올라왔다.

내가 신 의원님을 두 번째 만난 것은 이로부터 7년이나 지난 후였다. 이번에는 내가 출석하던 컬럼비아대학 근처 한미교회 강사로 초빙을 받아 간증을 오신 것이다. 나는 이날을 기대하고 기다렸다.

신 의원님을 처음 뵌 이후에도 나는 각별한 관심을 가지고 그분 소식에 항상 귀 기울이곤 했다. 누구나 세상을 살면서 가슴 깊이 감동 받고 마음에 새겨지는 사건들이 있다. 내겐 신 의원님의 간증이 그런 사건 중의 하나였다. 그만큼 의미부여를 했기에 두 번째 만남이 나로선 설레지 않을 수 없었다.

나는 간증예배가 끝난 뒤 가까이 가서 정중하게 인사를 드렸다. 당시 나는 컬럼비아대학에서 박사 공부를 하고 있었기에 내 소개도 함께 드렸다. 7년 전에 간단히 인사를 드렸다고 하자 놀랍게도 기억이 난다고 해서 너무나 감사했다.

그리고 자신도 옛날에 대학원 박사과정을 위해 원서를 내 하버드대학과 컬럼비아대학 모두 합격을 했노라고 이야기해 주었다. 그러나 자신이 공부하고 싶은 '한국어과'가 있는 곳이 워싱턴대학뿐이어서 그곳을 택했다고 말씀하셨다.

함께 점심식사를 하고 내가 신 의원님을 JFK공항으로 모셔다 드리게 됐다. 공항으로 이동하면서 차 안에서 많은 이야기를 나누었다.

그 당시 나는 경제적으로 몹시 힘든 시기였다. 아이들과 아내까지 미국에 들어왔는데 가장이 공부만 하고 있으려니 참 고민스러웠고 주위의 시선도 따가웠다. 그래서 박사 공부를 당분간 중단하고 뉴욕에 있는 중학교 미술선생으로 갈까 심각하게 고민하고 있을 때였다. 같은 과에서 박사 공부하던 동료가 자기가 몸담고 있는 학교에 미술선생이 필요하다면서 나를 추천해 주었다. 그런데 이날 신 의원님의 간증을 듣고 해답을 얻었다. 굉장히 어려운 환경 속에서 잠시 갈등하고 고민할 때 그 고비를 지혜롭게 넘겼던 신 의원님의 체험담을 듣고 당장은 힘들어도 더 나은 세계를 열기 위해서는 계속 공부해야 한다고 확신하게 된 것이다.

나는 JFK공항에서 한국을 거쳐 몽골에 선교차 가신다는 그분의 항공권이 일반석인 것에 깜짝 놀랐다. 상원의원이면 비즈니스석 정도는 탈 것 같았는데 의외였다.

"장거리 비행이라 불편하실 것 같은데 괜찮으시겠어요?"

"허허, 아니야. 이것도 큰 호강이네. 국민들이 낸 세금으로 일하는 정치인이 너무 편안한 것만 생각하면 안 되지. 난 괜찮아."

나는 충격을 받았다. 그분을 내 인생의 멘토로, 그리고 양아버님으로 모시기로 결심을 단단히 했다. 그 후 하루에 한 번씩 시애틀에 사는 신 의원님께 전화로 안부 인사 드렸고 시간이 되면 가족과 자주 찾아뵙고 인사 드렸다. 내가 양아버지로 모시고 싶다고 하자 그분은 이렇게 말씀하셨다.

"네가 좋은 아들로 본분을 다하려면 우선 어디서나 인정을 받아라! 그래야 넌 나의 좋은 아들이 될 수 있다."

이 말이 내겐 아주 의미 있게 그리고 가슴 깊은 울림으로 다가왔다. 그래서 그 자격을 갖추려고 사실 많은 노력을 기울였다.

그러던 어느 날 내 핸드폰에 그분의 음성 메시지가 남겨져 있었다.

"음……, 아버지인데 전화 좀 해줘요."

나는 이 음성 메시지를 듣고 너무나 신이 나고 기뻐 몇 번이나 듣고 또 들었는지 모른다. 나를 아들로 인정해 준다는 분명한 목소리였기 때문이다. 난 아버지 목소리를 전화기에 3년이나 갖고 다니며 들었고 이 목소리는 끝이 보이지 않았던 컬럼비아대학 박사과정 공부에 큰 위로와 힘이 되었다.

이후 우리 부자는 친아들과 친아버지 이상으로 돈독한 관계를 유지하며 잘 지내고 있다. 아버지는 79세이지만 여전히 여러 미국 내 입양 자녀들을 위해 동분서주하며 정치인으로 열심히 일하고 있다. 무엇보다 그들에게 꿈과 비전을 키워주고 자신감을 심는 일에 열정을 갖고 일하신다.

우리 온 식구는 시애틀의 아버님집에 방문하는 것을 즐거워한다. 일찍 부친을 여읜 나로서는 아버지가 있다는 것이 이토록 뿌듯한 느낌일 줄 몰랐다. 아내 역시 시아버지의 사랑을 받는 느낌이 든다며 여간 좋아하지 않는다.

어느 해 겨울, 우리 부부가 시애틀 아버님집을 찾았다. 마침 한인회 행사가 있어 그 자리에 따라갔는데 아버지는 그곳 한인들에게 '펜실베니아에 사는 미술대 교수 내 아들입니다!'라고 일일이 소개를 해주었다.

몇몇 분들이 놀라며 '아니, 신 의원님! 처음 보는 큰아들인데 왜 이제야 인사를 시켜주십니까?'라고 질문했다. 내가 말을 받아 '네, 아버님께서 숨겨놓은 큰 아들입니다!'라고 말해 다 함께 웃기도 했다. 우린 부자가 외모도 많이 닮아 진짜 친아들로 생각하는 사람이 있을 정도다.

아버지는 그 연세에도 주일 오후에는 자신을 키워준 양어머니를 찾아가 안부 인사를 드리고 섬기는 것을 보며 감동을 받았다. 아무리 미국에 오래 사셨어도 한국인의 뿌리엔 극진한 효심이 DNA로 숨겨져 있는 것 같다.

아버님을 뵙고 필라델피아로 다시 떠나려는 우리 부부와 헤어지기를 못내 아쉬워하면서 해주신 유머가 기억에 남는다.

"이곳 시애틀은 두 가지 종류의 비가 있지. 하나는 가라고 가랑비가 있고, 또 있으라고 이슬비가 있단다. 허허허."

나는 뒤늦게 참으로 훌륭한 아버지를 두게 되어 얼마나 행복한지 모른다. 아버님은 크리스천으로 큰 비전과 꿈을 갖고 기도하고 있다. 그것은 앞으로 20년 후에는 아메리칸 출신의 코리안이 미국 대통령으로 출마하게 되는 비전이다. 얼마든지 가능하고 또 당선도 될 수 있다고 믿는다.

하나님은 인간에겐 무한한 가능성을 열어 주셨다. 기도하면 지혜와 능력을 주고 필요한 사람을 만나게 하신다. 오히려 이것을 제한하는 것은 자기 자신이다.

나는 아버지의 삶을 돌아보며 자신감을 가득 충전 받는다. 그리고 이런 양아버지를 허락하신 하나님께 감사한다. 오늘도 안부 전화를 드려야겠다.

"아버지! 사랑합니다."

# 보고 싶은 패션 디자이너 앙드레 김 선생님

나는 앙드레 김 의상실에도 자주 놀러 갔고 그러다 보니
그분과 자연스레 친하게 지냈다.

지난 2010년 안타깝게 별세하신 앙드레 김(Andre Kim) 선생님은 대한민국의 첫 남성 패션 디자이너이다. 그분의 독특한 말투와 흰색 의상은 물론 전 세계 곳곳에서 펼쳐진 패션쇼 때문에 그분을 모르는 사람은 별로 없을 것이다.

화려한 느낌의 의상과 환상적인 무늬, 다양한 방법으로 소화해 내는 그분의 의상은 세계 유명인사들의 폭넓은 사랑을 받았다. 그분이 한국에서 패션쇼를 열면 세계 각국 대사들은 물론 최고의 연예인들이 앞다투어 참석하고 또 출연했다.

내가 앙드레 김 선생님을 처음 알게 된 것은 내가 미국 유학을 간다는 생각조차 못 했던 1985년이었다. 이때 나는 가죽 재킷을 만드는 봉제사업을 할 때였다. 우리 회사가 그분이 주문해 온 가죽옷을 원하는

디자인대로 최선을 다해 제작해 주곤 했다. 봉제업을 해도 예술에 대한 안목을 키워가던 때라 유명한 앙드레 김의 의상을 함께 제작한다는데 나름대로 자부심을 갖고 있었다. 이 때문에 나는 앙드레 김 의상실에도 자주 놀러 갔고 그러다 보니 그분과 자연스레 친하게 지냈다. 지금 사업을 이어가는 아들(김중도)이 아주 어렸을 때부터 보아왔다.

누구에게나 친절하게 사람을 대하고 인연을 소중하게 생각했던 그분은 나를 잘 본 탓인지 명절이 되면 꼭 유명 떡집에서 직접 디자인해 예쁘게 만든 떡을 잘 포장해 보내 주곤 했다.

나는 가죽봉제업을 그만둔 뒤 시계수출을 할 때도 가끔 앙드레 김 선생님을 찾아가 앙드레 김 이름을 새긴 패션 시계 제작을 하자고 사업 제의를 했었다. 외국에서는 이미 유명 패션전문가들의 이름으로 다양한 제품들이 나오고 있었고 이런 맥락에서 충분히 시장성이 있다고 본 것이다.

결국 나중엔 시계도 나온 것으로 알고 있다. 내가 이 사업을 제의한 것은 그 무렵으로선 매우 앞선 발상이었다. 이 제안은 로열티 등 여러 문제 때문에 좌초가 되긴 했어도 나와 선생님과의 관계는 이후에도 끈끈하게 이어져 왔다.

이런 앙드레 김 선생님으로부터 내가 도움을 제대로 받은 적이 있다. 내가 미국에서 학사 공부를 3년여 만에 마칠 무렵에 아내와 자녀들을 미국에 데려오려고 하는데 아내의 미국 비자가 나오지 않았다. 당시만 해도 미국 관광비자를 받은 뒤 미국에 남아 불법체류하는 한국인이 매우 많아 엄격한 비자심사를 적용하고 있었다.

그래서 한번 비자가 거부되면 다시 되기 힘들었고 비자를 받기 위해

광화문 미국대사관 입구는 항상 사람들로 길게 줄이 서 있었다. 아내는 서류심사에 2번이나 퇴짜를 맞아 미국 비자를 받는 것은 물 건너가 포기를 해야 하는 상황이었다. 이제 우리 가족이 미국에서 해후하는 일은 어렵게 되고 만 것이다.

나는 고민을 하다 갑자기 앙드레 김 선생이 생각났다. 이분은 워낙 외교관 부인들과 친분이 깊고 또 패션쇼를 할 때마다 외교관들을 초청한다는 사실을 알고 있었기 때문이다.

내가 미국에 유학 간 것을 깜짝 놀라 하던 그분은 내가 어렵게 상황을 설명하자 쾌히 비자 인터뷰를 신청한 뒤 접수증 사본을 보내달라고 하셨다. 이 덕분에 아내와 아이들은 비자 인터뷰 3번 만에 미국에 올 수 있었다. 그분이 이곳저곳에 전화를 걸어 도움을 주셨기에 가능했을 것이다.

이미 고인이 되셨지만, 앙드레 김 선생은 실로 한국의 패션 예술분야에서 신화를 창조하신 분이다. 패션 분야에서 워낙 유명하셔서 미국 할리우드 스타들도 앙드레 김 선생의 의상을 간절히 원하고 있는 것을 미국에 와서야 알았다.

내가 한국에 돌아가면 세계적인 패션대학을 세우자고 의견을 서로 교환하며 여러 차례 전화도 했었다. 그리고 뉴욕 서점에 들렀을 때 복고풍 패션잡지가 보이면 어김없이 사서 우편으로 보내드리기도 했다.

나는 끊임없이 '미(美)의 세계'를 탐구하는 앙드레 김 선생을 깊이 존경했다. 돌이키면 미국 유학생활을 나름 성공한 것도 그분의 간접적 영향이 컸다고 할 수 있다. 내가 힘들어하면서 전화를 하면 항상 기쁘게 전화를 받아 격려를 해주곤 하셨고 나도 이에 큰 용기를 얻곤 했다.

2010년 한국에서 책 『뉴욕의 거지들』 출판을 준비하며 추천사를 부탁드렸다. 그때 흔쾌히 수락해 주시며 직접 글을 써 주셨다. 늦게 학업을 시작했지만 불타는 학구열과 창작열로 새로운 예술세계를 열어 가고 있는 나에 대해 과분할 정도의 극찬과 함께 가능성을 높이 사주셨던 추천사 내용이었다.

그런데 책 출판 후 불과 1개월 만에 앙드레 김 선생님이 갑자기 돌아가셨다. 나로선 충격이 매우 컸다. 추천사를 써 주신 것에 대해 감사 인사도 제대로 드리지 못한 것이 마음의 빚으로 남아 더욱 안타까웠다. 별세 소식에 한국으로 날아오진 못했지만 미국에서 참으로 많은 눈물을 흘렸다.

한국 예술계, 패션계에 큰 족적을 남기고 가신 앙드레 김 선생님. 내가 그분의 은혜에 보답하는 가장 올바른 길은 나도 한국을 넘어 미국, 세계 속에서 유명한 미술인, 또 교육자가 되는 것일 것이다.

앙드레 김 선생님! 보고 싶습니다.

# 절친 야구감독 이만수

'우정' 이란 공통분모 속에서 지금도 만나면
바로 40년 전 학창시절로 돌아가 추억여행을 하게 된다.

야구팬은 당연하고 야구를 잘 모르는 사람이라도 현재 SK 프로야
구팀 이만수 감독을 알 것이다. 대구중학교 출신 야구선수 중에 김시
진, 김항근, 장효조 등 한국의 야구 역사를 빛낸 친구들이 많다. 이만수
와 나는 바로 이 대구중학교 동기 동창이다.

중학교 시절 나는 실장(반장)이었다. 원래 야구부는 오전 수업을 하
고 오후부터 운동을 시작해야 하는데 이른 아침부터 수업 땡땡이를 치
고 공부를 하지 않았다. 난 야구부원은 아니었지만 이들은 아침 일찍
김치 냄새가 폴폴 나는 도시락을 미리 까먹고 야구부로 직행해 운동하
곤 했다.

만수는 특별히 나와 친했다. 그는 내가 늦더라도 나 대신 아침 출석
을 불러 주었고 서로 집도 오가곤 했다. 학기말 시험에 내 시험지를 보

여주다 들켜 선생님에게 실컷 두들겨 맞았던 기억도 있다.

야구부였던 그는 야구를 위해 대구상고로 가고 나는 부산고등학교로 진학해 헤어졌지만 꾸준히 연락하며 자주 만났다. 이만수는 주일이면 교회를 빠짐없이 다니는 기독교인이었다. 당시 철저한 불교 집안에서 자란 나는 일요일 우리 집에 놀러 온 그의 손에 빨간색 성경책이 들려 있으면 심하게 놀려 대곤 했다.

"예수를 믿으려면 내 주먹을 믿어라. 예수 믿으면 밥이 나오냐 빵이 나오냐."

그러면서 그가 갖고 다니던 야구방망이로 엉덩이를 장난삼아 때리기도 했다. 그래도 묵묵히 내 핀잔을 감수하고 웃기만 했던 그였다. 큰 덩치에 우직한 그는 정말 노력파였다.

그가 사실 처음부터 야구를 잘한 것은 아니었다. 주전 선수가 아니라 일명 '볼 보이'로 불리는 후보 선수부터 시작했다. 조금도 불평을 하지 않고 자신에게 맡겨진 일을 성실히 하고 시간만 나면 연습에 몰입했다.

이런 그가 체육선생이자 야구 감독이었던 구수갑 선생님 눈에 띄어 인정을 받은 계기가 있었다. 감독님이 어느 날 중학교 야구부원들에게 학교 화단에 물을 주라고 시켰다. 선수들이 함께 물을 주는데 갑자기 비가 왔다. 당연히 선수들은 숙소로 들어가 버렸는데 오직 한 사람, 이만수만 그대로 남아 물을 주었다. 어떻게 보면 바보스럽기도 하지만 그의 이런 우직함이 오랜 시간 갈고 닦이면서 실력으로 거듭나게 되었다고 여겨진다.

이만수는 대구중학교에서 역시 야구로 유명한 대구상고로 갔고 이어 한양대학교로 진학해 야구선수 생활을 하다 졸업했다. 그리고 1982년 당시 한국 프로야구 원년 멤버로 삼성 라이온즈에 입단해 프로생활을 본격적으로 시작했다.

1982년 동대문에서 열렸던 MBC 청룡과의 개막 경기에서 프로 야구 1호 안타와 1호 홈런의 주인공이 되었던 그의 기록은 여전히 한국 야구사에 놀라운 이야기로 남아 있다. 더구나 이만수는 1984년에 타격, 홈런, 타점에서 1위를 차지해 타자 트리플 크라운을 달성했다. 한국 프로 야구 통산 1호, 100호 홈런과 200호 홈런의 주인공이 되기도 했다. 1983~1987년까지 포수 부문에서 5년 연속 골든 글러브를 수상했으니 그의 야구인생은 그 누구보다 성공한 셈이다. 나는 친구 이만수의 뚝심과 성실성, 깊은 신앙심이 오늘의 그를 만들었다고 믿고 있다. 내 친구지만 늘 존경스러운 마음이 든다.

이만수는 대구에 처음으로 오픈한 궁전 예식장에서 결혼식을 올렸다. 당연히 서울에서 내가 달려가 참석을 하고 축하했다. 그도 내 결혼식이 열리는 날, 팀이 제주 전지훈련 중이었음에도 이를 빼먹고 부산예식장까지 달려와 주었다. 그가 신혼여행을 가면서도 야구방망이를 가져간 것은 유명한 일화로 남아 있다. 그만큼 야구에 대한 열정이 강했던 그는 모든 일에 기도를 앞세우며 전도를 게을리하지 않았다.

3년 전 내가 서울 방문 때 전화를 했더니, "정한아! 어디에 있노?"하면서 인천에서 단숨에 내가 거처하던 호텔로 달려왔다. 그리고 야구방망이와 야구공에 '22번', 그리고 '이만수'라고 사인해서 나에게 선물로 건네주었다. 친구의 의리를 중요시하는 멋진 사나이다. 그리고 사인한 그의 이름 위에 십자가 표시가 있었다. 그것은 예수님의 거룩한 십자가를 의미하는 것이라고 한다. 사인을 통해서도 전도하는 그가 놀라웠다. 그는 저녁을 먹으면서 이런 이야기를 했다.

"나는 40년 이상 평생 야구를 했는데 단 한 번도 야구를 왜 했는가 라는 후회가 한 번도 없었다."

그는 하나님의 말씀을 따르고 실천하려는 깊은 신앙을 가졌다. 삶 속에서 예수님을 닮아가려는 참된 기독교인이라 여겨진다. 중학교 시절에 내게 몇 번이나 전도하려 했지만 면박만 당하곤 했어도 또 전도했던 우직한 친구였다. 그의 아내가 더 독실한 크리스천이어서 친구의 신앙은 더욱 탄탄히 자리 잡았다. 내가 미국으로 유학을 떠나기 전에도 나를 위해 기도해 주겠다고 했던 말이 기억난다.

이만수도 사실 어려움이 많았다. 1997년 시즌 후 팀과 불화를 일으켜 방출, 자비로 미국 연수를 떠나야 했다. 미국 클리블랜드 인디언스 산하 싱글 A팀 킨스턴 인디언스에서 지도자연수를 받았다. 이후 시카고 화이트삭스 산하 트리플 A팀 샬롯 나이츠로 옮기고 불펜 포수(Bullpen Catcher)로 활약했다.

2005년 시카고 화이트삭스의 월드시리즈 우승 후 귀국, 김성근 감독 밑에서 SK와이번스 수석코치를 맡음으로 지도자 생활에 들어갔다. 이후 2011년 한국시리즈가 끝난 후 제4대 정식감독으로 임명됐다. 이만수는 명실상부한 삼성 라이온즈의 프랜차이즈 스타이며, 그의 등번호 22번은 삼성 라이온즈의 영구 결번이기도 하다.

나는 친구가 고난을 도약의 발판으로 삼아 새롭게 변신하는 모습을 보며 그의 믿음과 기도를 다시 기억하게 된다. 이만수가 사면초가가 되었을 때 그가 의지할 분은 오직 하나님 한 분뿐이었을 것이다.

미국에서 활약할 때 그와 반갑게 만나 대화하고 좋은 시간을 보내곤 했다. 이제 한국에 가끔 나오지만 나도 그도 워낙 바쁜 탓에 시간을 맞추어 내가 인천구장으로 가기 전에는 얼굴을 보기 힘들다.

2013년 12월, 잠시 한국에 나왔을 때 통화를 한 적이 있다. 이 무렵 나의 신앙생활과 미국 아이비리그 유학기가 국민일보 '역경의 열매' 지면에 연재돼 크리스천인 그가 이를 다 읽어 본 모양이었다.

내가 기독교인이 된 것을 너무나 기뻐하며 자신이 친구인 나를 위해 오랜 기간 기도했음을 간증했다. 그리고 어려움을 딛고 아이비리그 펜실베니아대학 그리고 컬럼비아대학을 졸업해서 뉴저지 주립대학 교수가 된 친구인 내가 무척 자랑스럽다며 자기 일처럼 기뻐해 주었다. 그리고 미국 전지훈련을 오면 전화하겠노라고 미국 전화번호를 물었다. 이런 그를 보면서 우린 역시 죽마고우가 틀림없구나 하는 기쁜 마음을 가졌다.

이만수와 안지도 40여 년이 훌쩍 지났다. 우린 각자 다른 길을 걸어왔지만 '우정'이란 공통분모 속에서 지금도 만나면 바로 40년 전 학창 시절로 돌아가 추억여행을 하게 된다.

이만수. 그의 우직함과 끈기, 노력이 그의 신앙과 함께하며 앞으로 더 큰 빛을 볼 것이라 믿는다. 반드시 그가 맡은 팀이 한국시리즈 우승을 할 것이라고도 믿는다. 그의 아들이 오는 3월이면 장가를 간다고 한다.

"친구야. 우리 빨리 만나가 밥 한번 묵자."

| 인연 |

# 사진작가 박상훈 선배의 용기 있는 도전

박 선배는 '내 나이가 60이지만 이 나이는 숫자에 불과하다.' 며
'현재에 만족하지 않고 세계적인 작가로 더욱더 큰 꿈을 꾸려고 한다.' 고 했다.


박상훈은 한국은 물론 세계적으로 유명한 사진작가다. '우리나라 새벽 여행'이란 테마로 여러 차례 개인전을 열어 풍경 사진에 대한 고정 관념을 깨고 새로운 지평을 열었다는 평가를 받은 분이다.

또 2004년 봄 주불 문화원의 초청으로 프랑스 파리에서 동생인 조각가 박상희와 함께 형제 초대전을 열어 큰 호평을 받았다. 중앙대학교 사진학과와 대학원을 졸업한 그는 강단에서 후학을 가르치며 1994년 세계 4대 광고상 중 하나인 'The New York Festivals' 금상을 수상했다. 또 1997년에는 칸(Cannes) 국제 광고제 금사자상 수상 등 화려한 경력을 자랑한다.

노벨 평화상을 수상한 김대중 대통령을 찍은 그의 사진은 시상식이 열린 노르웨이 오슬로에 영구보존용으로 남겨져 있다. 이밖에 노무현

대통령의 인물사진과 한국 최고의 톱스타 인물사진들을 찍는 등 최고의 사진작가로 활동해 오고 있다. 이 박상훈 사진작가가 나의 선배로 무려 28년 전부터 알아온 것이 참 자랑스럽고 한편으론 기쁘다.

내가 대학도 마치기 전인 1985년, 후지필름에 입사해 샐러리맨으로 열심히 뛸 때였다. 오랫동안 아내의 뒷바라지만 받다 이제 사회인으로 봉급을 받고 가장으로서의 체면을 유지할 수 있어 아주 감사했던 시기였다. 내가 근무하던 회사 사무실이 서울 충무로에 있었다. 당시 충무로는 영화사와 출판사, 인쇄업이 몰려 있는 곳이었다. 사진 스튜디오도 많았다.

나는 늘 예술분야에 많은 관심이 있었다. 화가가 되려고 했던 미련이 남아 있었던 것 같기도 하다. 나의 미적 감각은 아름다운 것, 예쁜 것, 멋있는 것을 보면 나도 모르게 스멀스멀 피어나곤 했다. 나는 충무로에서 직장생활을 하면서도 주변에 무엇이 있는지 궁금해 기웃거리곤 했다.

그런데 우리 사무실 바로 위층에 '박상훈 사진 연구소'라는 간판이 크게 새겨져 있었다. 궁금해하던 나는 어느 날 불쑥 그곳에 들어가 박상훈 작가의 사진을 감상하게 되었다. 나는 그의 사진작품들에 순식간에 매료됐다.

그는 주로 풍경과 인물 사진을 찍었는데 자화상이란 이름을 단 사진작품의 주인공들 속에서 강하고 부드러운 이미지에 굵직한 선과 흑백이 아주 자연스럽게 표출되는 것에 감탄사를 연발하지 않을 수 없었다.

연배를 따져보니 박상훈 작가는 나보다 5살이 많아 바로 선배님으로 모시기로 했다. 옷을 자유분방하게 입으셨고 때론 개성 넘치게 입는 박 선배와 나는 아주 죽이 잘 맞았다. 그래서 금방 친하게 되었다. 박 선배가 찍는 모델들은 텔레비전이나 신문에서 자주 보았던 국내 정상급 스타들이라 나는 점심시간 때마다 박 선배의 스튜디오를 자주 찾아가곤 했다. 그래서 일손이 달리면 센스 있게 옆에서 도와주곤 했다. 아마 그때 나를 본 분들은 나를 박 작가 조수로 착각했을 것이다.

가끔 주말에 떠나는 선배의 야외촬영에도 동행했다. 그 선배의 뚜껑이 활짝 열린 멋진 지프차를 타고 야외로 나가 작업할 땐 나 역시 기분이 좋았다. 나는 모델들에게 필요한 소품들을 가져다주는 역할을 눈치껏 도우며 재미있게 일하곤 했다.

언젠가는 박 선배가 내게 불쑥 이런 말을 했다.

"정한 씨. 모델 한번 해볼래요? 몸매도 좋고 키도 크고 조건을 다 갖추었는데 내가 밀어줄 테니 생각 한번 해봐요."

호기심이 당기기도 했지만 연예인이란 직업이 당시만 해도 사회적으로 제대로 인정받는 직업이 아니었다. 더구나 이제 막 자리 잡고 사회인으로 첫발을 내딛고 있는데 다시 엉뚱한 일을 벌이고 싶진 않았다. 나는 박 선배의 권유를 자연스레 물리쳤다.

박 선배와의 인연은 이후에도 계속됐다. 내가 회사를 나와 가죽봉제공장을 비롯해 일본인과 기술제휴한 시계수출업을 하면서도 가끔 만나 식사하며 관계를 돈독히 해왔다. 나는 나와 한번 인연을 맺으면 누구든 끝까지 가는 편이다. 인연이 끝까지 지탱되려면 무엇보다 내가 먼저 섬기고 헌신하려는 자세가 필요하다. 희생적인 면이 강해야 좋은 인연을 만들 수 있다. 지금 우리가 살아가는 동서양 사회 모두가 서로 잔잔한 연줄로 맺어져 있다.

그 후 나는 1996년 2월, 서울 롯데갤러리에서 전시회를 열 때 박 선배에게 카탈로그를 부탁해 멋지게 만들었던 기억이 있다.

미국에 온 뒤에는 박 선배와 한동안 연락이 끊겼다. 그러다 우리는 17년이 지난 후 오래된 전화번호를 찾아내 한국에서 다시 만나게 되었다. 우리는 지난날을 이야기하며 기쁘게 해후했다. 시간이 흘러도 우리의 감성은 변하지 않아 대화는 길게 이어졌다.

그런데 어느 날 미국으로 박 선배가 불쑥 나를 찾아왔다.

"이 교수, 내가 좀 더 공부하고 싶으니 학교를 좀 알아봐 주면 좋겠어!"

선배가 아주 진지하게 이야기해서 그의 새로운 도전에 놀라지 않을 수 없었다. 나는 선배가 학구적으로 더 공부하려는 열정을 진심으로 환영한다며 내가 다녔던 대학들은 물론 뉴욕의 유명한 대학들을 차례로 방문해 교수들을 함께 만났다. 대부분의 학교가 워낙 화려한 박 선배의 이력을 보고 당장 대학원 석사과정(MA)에 입학해서 열심히 해 보라고 허락했다. 장학금 혜택도 먼저 제시했다.

박 선배는 미국 대학들의 인터뷰에서도 영어가 자연스러워 놀랐다. 인터뷰를 마치고 '박 선배는 어떻게 영어를 그렇게 잘하느냐?'고 하자 그는 빙그레 웃으며 '영어를 못하면 세계적인 작가가 못되지!'라고 특유의 가느다란 눈매를 추켜세우며 미소 지었다. 그동안 독학으로 열심히 영어공부를 해왔다고 했다.

박 선배는 미국 방문 시 약 2달간 뉴욕에 머물며 박물관, 전시관들 그리고 뉴욕과 동부 근교에 있는 대학들을 방문하며 의미 있는 시간을 가졌다.

박 선배는 '내 나이가 60이지만 이 나이는 숫자에 불과하다.'며 '현재에 만족하지 않고 세계적인 작가로 더욱더 큰 꿈을 꾸려고 한다.'고 했다. 박 선배가 그 나이에 미국 유학이라는 새로운 도전을 시도하려는 것에 나의 늦은 유학도 일부분 용기를 준 것이 아닌가 싶기도 하다.

선배는 때가 되면 딸을 시집보내고 나서 미국 유학에 도전하려고 준비 중인 것으로 안다. 나 역시 선배를 응원하며 적극적으로 도울 마음의 준비가 되어 있다.

그렇다! 배움에는 남녀노소가 없고 시간과 공간을 초월한다. 내가 아는 미국인 친구도 60이 훨씬 넘는 나이임에도 불구하고 학부 공부 그리고 석·박사 공부를 하고 있다. 그런 사람들이 제법 많다. 배움이 고프면 얼마든지 대학에 문을 두드려서 새로 시작해도 늦지 않다.

만약 학비가 없더라도 조건이 맞는 대학을 우선 노크해 보면 길이 생길 수 있다. 보통 사람들은 이렇게 생각할 것이다. '아니, 사는 것도 힘들어 죽을 지경인데 어떻게 내가 하고 싶은 공부를 할 수가 있느냐?'고 말이다. 그러나 나는 그들에게 조심스럽게 대답해 주고 싶다.

"죽을 힘을 다해서 노력해 보세요. 그러면 반드시 문이 활짝 열릴 것입니다."

박 선배가 미국 대학 도서관에서 책과 씨름하며 사진을 공부할 모습을 혼자 상상해 본다. 박 선배 화이팅!

# 스탁튼대학에 항공대학을

스탁튼대학은 허먼 총장이 부임한 이후 많은 발전을 거듭했다. 그가 꿈꾸는
사람이었기 때문이다. 그는 맞다고 여기는 것은 바로바로 실행에 옮겼다.

내가 근무하는 스탁튼대학 안은 각종 나무들이 계절마다 아름다움
을 한껏 뽐낸다. 또 매우 아름다운 호수가 크게 자리 잡아 그 운치를
더해 준다. 온갖 아름다운 새들이 모여들어 우는 소리는 이상하게도 전
혀 시끄럽지 않고 오히려 힐링이 되는 것 같다. 학교에서 자동차로 10분
만 달리면 아름다운 해변이 나타난다. 이미 세계적인 명소로 알려진 애
틀랜틱시티(Atlantic City)다. 동부 뉴저지는 날씨가 다른 주(州)보다 4계
절이 뚜렷하고 여름에는 태풍이 거의 없는 지역으로 인기가 높다.

오래 전 이야기다. 내가 시튼홀대학 재학 시에 트리아노 교수님과 함
께 학교 가까운 곳에서 야외 스케치를 하던 중에 교수님에게 언뜻 들
은 이야기가 있다.

"영화사들이 지금은 LA 할리우드로 다 옮겨갔지만, 이곳 뉴저지는

기후가 무척 좋아 옛날에는 이곳에서 주로 영화를 많이 찍곤 했지."

학교와 가깝게 애틀랜틱 국제공항도 있다. 그동안 내가 사는 필라델피아에서 애틀랜틱 고속도로를 거쳐 이곳을 지나올 때마다 '앞으로는 누구나 자동차 운전뿐만 아니라 비행기 조종도 해야 하는 시대가올 텐데……'라는 생각을 하곤 했다. 그리고 스탁튼대학에 항공대학을세우면 어떨까 하는 생각을 해보면서 이 길을 5년간 지나다녔다.

또한 '페루에 이 정도로 규모가 큰 국제공항을 건설한다면, 남미의페루 국민들뿐만 아니라 많은 세계인이 편리하게 그 공항을 사용할 수가 있을 터인데……'라는 생각도 덧붙여 하곤 했다. 내가 페루에 대해유별나게 많은 관심을 쏟고 있기 때문이다. 언젠가는 실천으로 옮겨져서 마침내 현실로 이루어지는 것이 상상이 갖는 무서운 힘이자 능력이다. 세계적으로 인기가 높은 할리우드 영화는 물론 디즈니랜드, 유니버설스튜디오 등은 우리에게 멋지고 아름다운 꿈을 선사해 주고 있다. 처음에는 어처구니가 없는 황당한 상상으로 만든 공상 만화영화가 우리 곁에 사실로 다가오는 것을 우리 모두 체험하고 있다.

꿈이 심어지면 그 꿈이 현실 속에서도 꽃피워지고 결국 많은 변화를 이뤄낸다. 달나라에 인간의 흔적을 남긴 지는 벌써 까마득한 옛날이 되었으며, 이제는 인류가 화성도 정밀하게 탐사하고, 태양계 밖의 광활한 우주에 대해서도 많은 지식을 습득해내고 있다.

최초의 엉뚱한 공상이나 상상이 없었다면 감히 이러한 일들을 이루어낼 수 있었을까? 그래서 생각의 힘, 상상력은 참으로 놀랍고도 위대하다! 나는 강의시간에 학생들에게 독창적인 아이디어를 찾아내라고 강조한다.

미술의 기본적인 기술(테크닉)과 예술에 대한 다양한 이론도 중요하지만, 학생들 자신들의 아이디어들을 굉장히 신중하게 스스로 발견해내고 관찰하고, 자신들의 아이디어를 창조적인 작품으로 만들어내도록 옆에서 이끌어주려고 한다. 이 일이 교수인 내가 가장 중점적으로 집중해야 할 일이라는 생각이다.

이곳 스탁튼대학에서 인터내셔널 축제가 진행되고 있을 때에 학교 총장인 허먼 제이 삭캄 박사(Dr. Herman J. Saatkamp)를 만났다. 허먼 총장은 내 그림을 무척 좋아해 총장실에 걸어두고 있기도 하다. 또 동양 문화에 대해 깊은 관심을 가져 자주 이야기를 나누는 편이다. 그날 그와 티타임을 가졌다.

"학교 주변 환경도 무척 좋은데 우리 대학 내에 항공대학을 세우면 어떻겠습니까?"

내가 불쑥 예상치 않은 질문을 드렸음에도 총장은 아주 긍정적인 반응을 보였다. 그래서 나는 과연 어떻게 하면 항공대학을 설립할 수 있을지 방법을 차근차근 짚어가기 시작했다.

"혹시, 시애틀 보잉사의 도움을 받으면 가능할까요?"

그랬더니 그가 아주 좋은 생각이라며 박수를 쳤다. '굿'이라는 감탄사를 연발했다.

스탁튼대학은 허먼 총장이 부임한 이후 많은 발전을 거듭했다. 그가 꿈꾸는 사람이었기 때문이다. 그는 맞다고 여기는 것은 바로바로 실행에 옮겼다. 뜻이 하나가 된 우리는 보잉사와 연락을 취해 프로젝트를 본격화했다. 시애틀에 사는 양아버님 신호범 상원의원께도 자문했다.

나는 교내를 거닐 때면 벌써 저쪽 너머에 큰 건물, 항공대학이 우뚝 서 있는 것을 상상하곤 한다. 그리고 가방에서 스케치북을 꺼내 미래의 항공대학 건물을 설계해 그려 보기도 했다. 항공대학 건물 꼭대기에는 UFO가 이륙하고 있는 장면, 그 속에는 ET가 조종하는 모습도 재미삼아 그려보았다.

보잉사와 학교는 양쪽 사정으로 서로 차일피일 미루다가 마침내 학교에서 미팅이 이루어졌다. 첫 단계라 상황이 결정된 것은 아니지만 항공대학 설립이 좀 더 구체화되는 시간이 됐다. 우리 학교 측에서는 다음 스텝을 밟으려고 준비를 부지런히 하고 있다.

나는 언젠간 이 학교에 항공대학이 반드시 설립될 것이라 믿는다. 그래서 수많은 조종사를 배출하고 상냥하고 예쁜 얼굴에 독특한 머리 색깔을 지닌 스튜어디스들이 척척 배출될 것이라 믿는다. 이런 상상은 나를 행복하고 기쁘게 만들어 준다.

오늘 나는 스탁튼 항공대 출신이 쓰게 될 조종사 헬멧을 스케치북

에 한번 그려볼 생각이다. 이 헬멧에 이 학교의 상징인 '물수리'도 아주
실감나게 그려 넣고 말이다.

# 선교사 피터 한, 남미 페루를 품다

"편한 미국생활을 마다하고 페루로 떠나 엄청난 고생을 하면서도
즐거워할 수 있는 이유는 무엇일까. 하나님이 현실을 이기는 능력을 주시고
평안을 허락하셨기 때문일 것이다."

내가 페루에 대해 관심을 갖게 된 것은 1999년이다. 당시 출석하던 필라델피아 제일장로교회가 여름에 페루 단기선교를 다녀왔을 때로 거슬러 올라간다. 이 교회는 아내가 사무원 집사로 일했고 내가 주일학교 교사와 한글학교 선생으로도 있었던 터라 남다른 추억과 애착이 있다.

이 교회에서 페루로 단기선교를 다녀온 멤버 중 나와 매우 친한 피터 한이란 집사가 있었다. 나와 나이가 동갑인 그는 주일이면 당시 대학원 공부를 하던 펜실베니아대학 기숙사로 나를 찾아와 교회까지 태워다 주곤 했다. 한 집사의 친절 때문에 나는 어려움 없이 편하게 주일예배를 드릴 수 있었다.

사실 학교에서 교회까지는 차로 30분 정도 걸리는 만만찮은 거리였다. 이 친구는 고맙게도 한 주도 빠지지 않고 나를 데리러 왔다. 우리는

교회로 향하는 30분간 차 속에서 한 주간 있었던 일들을 대화하며 친형제같이 우의를 다졌다. 돌이켜 보면 이 만남은 결코 우연한 만남이 아니었다. 하나님께서 훗날 페루를 우리가 개척해야 할 미래의 선교지로 삼고 서로 협력하도록 이때 끈을 단단히 매어 주신 것이기 때문이다.

피터 한은 내게 페루 단기선교를 같이 떠날 것을 권했지만 나로선 공부도 바빴고 경비도 만만찮아 갈 수가 없었다. 그런데 이 페루로 단기선교를 다녀온 피터 한이 갑자기 페루 선교사로 가겠다고 비장한 목소리로 선언했다. 나는 깜짝 놀랐다.

"난 페루가 정말 좋아. 남이 들어가지 않는 아마존 정글에 하나님이 날 선교사로 불러주시는 것 같아. 정글에 들어가니 마치 내 집에 들어온 것처럼 포근했다고."

그는 이미 성령에 사로잡혀 있었다. 나는 너무나 놀랐다. 내가 페루로 가는 그에게 아무 생각 없이 한 말이 있었기 때문이다. 나는 그에게 '한 집사님, 이번 페루 단기선교를 다녀오게 되면 아마도 인생이 바뀔 겁니다.'라는 말을 던졌었다. 그런데 정말 그가 인생을 바꿀 결심을 하고 돌아온 것이다. '말이 씨가 된다.'는 말이 실감 났다. 아니면 내 안의 성령께서 그를 향해 예언적 메시지를 전해 준 것일까. 성령은 영적으로 교통하니 말이다.

이후 한 집사는 선교를 위해 신학공부와 한방침술 공부를 하더니 결국 목사 안수를 받고 페루 선교사가 되어 현지로 떠났다. 나도 페루에 대한 많은 자료를 뽑아 그에게 제공했고 내가 도울 수 있는 범위에서 최선을 다했다. 침술 공부할 때 내가 침을 맞아 주는 '실습용 몸'이 되어 주었는데 집에 와서 아직 뽑히지 않은 침들을 발견하고 깜짝 놀라

기도 했다.

나도 이때 경제적으로 매우 어려운 때였다. 이 가운데서도 조금이라도 그에게 도움이 되려고 노력했다. 선교후원을 하고 싶을 때 돈이 없어 안타까워 기도하면 예기치 않았던 일거리가 툭툭 들어와 한 선교사를 도울 수 있었던 적이 많았다. 하나님이 그를 도우라고 일을 주신 것이기에 그 돈은 그에게 보내는 것이 맞다고

생각했다. 페루로 간 한 선교사는 고정 후원자가 없어 현지 선교에 어려움이 많았다. 나도 재정이 어려운 상태라 선교비를 많이 보내주지 못하는 것이 참 안타까웠다.

1년이나 2년에 한 번씩 미국에 다니러 온 한 집사의 얼굴을 보면 햇볕에 그을려 거의 흑인이었다. 건장한 체구였는데 허리띠 구멍이 3개 정도 줄어 날씬하게 변해 있었다. 아마존에서 물린 모기 때문에 피부는 말로 형언할 수 없을 정도로 엉망이었다. 그래도 그의 표정은 행복하고 감사가 넘쳤다.

"편한 미국생활을 마다하고 페루로 떠나 엄청난 고생을 하면서도 즐거워할 수 있는 이유는 무엇일까. 하나님이 현실을 이기는 능력을 주

시고 평안을 허락하셨기 때문일 것이다."

한 선교사의 아내는 미국에 남아 네일숍에서 일해 번 돈을 남편에게 보냈다. 그로 인해 아마존 밀림 지역 뽀르빌 마을에 첫 교회가 세워졌다. 배로 건축자재를 일일이 날라야 하는 번거로움 속에서도 교회가 창립된 것은 기적이었다.

나도 페루 선교현장을 찾아가 보면 너무나 마음이 아팠다. 한 집사의 고생하는 모습과 원주민들의 비참한 삶에 눈물이 나왔다. 기도하는 가운데 페루의 정치인들, 지도자들과 교제하며 이 나라를 잘 사는 나라로 만드는 데 도움을 주어야 한다는 깨달음이 왔다. 페루는 우리나라의 13배 면적을 가졌고 석유 천연가스 등 엄청난 자원을 보유하고 있다. 그러나 인프라가 구축되지 않아 후진국을 면치 못하고 있다.

나는 한 선교사에게 단순히 선교만 하는 차원을 넘어 이 나라를 경제적으로 일어서게 한다면 이는 더 큰 일을 할 수 있게 되는 것이니 우리가 개척자가 되자고 부추겼다. 하나님이 그런 마음을 주셨던 것이다.

나는 시간이 날 때마다 이를 싫어하는 한 선교사를 앞세워 페루 현지 정치인들과 폭넓은 교분을 쌓았다. 꾸준히 기도하면서 페루선교의 큰 꿈을 준비했다. 우리에게 아주 반가운 소식이 들렸다. 2010년 10월 페루 지방자치단체 선거에서 우리와 친밀히 교분을 쌓아왔던 페루 친구들 대부분이 시장(市長)에 당선된 것이다. 한 집사의 사역지 로레또 주(州)에서는 주지사를 비롯해 4명이 시장에 당선되었다.

나는 회사 운영 및 무역 경험을 살려 후배 변호사를 통해 미국 법인 회사를 바로 설립했다. 회사명은 '3E Investment, inc'로 정했다. '3E'는 교육(Education), 환경(Environment), 자원(Energy)의 약칭이다. 이 3개의 이슈가 앞으로 인류에게 가장 절실한 것이 되리라 예측했기 때문이다.

나는 강의가 없는 추수감사절 연휴를 택해 페루 친구들의 주지사 및 시장 당선 축하 차 페루를 방문했다. 로레또(Loreto) 주만 해도 우리 남한 면적의 4배가 넘는다. 나와 한 선교사는 이끼또스 시장과 시청직원들의 환영을 받으며 6개 시와 차례로 MOU를 맺었다. MOU 체결 후에는 호텔 컨퍼런스 룸에서 약 70명의 내외신 기자들과 인터뷰도 했다.

나는 이 일을 통해 하나님이 일하시고자 한다면 인간이 아무리 노력해도 안되는 것을 단 한순간에 작품을 만들어 내신다는 것을 깨달았다. 주지사와 시장들이 모두 친구다 보니 내가 각 시(市)에 가지 않고 그들이 한 자리에 모여서 행사하도록 도와주었던 것이다. 3E사는 지금 무한한 페루의 자원들을 세계 굴지의 회사들과 연결하는 중개역할을 도맡고 있다.

아울러 페루지역 투자를 요즘도 계속 진행하고 있다. 그래서 언젠가는 페루 로레또 주가 '한강의 기적'을 이뤄낸 대한민국의 뒤를 잇는 제2의 도시가 되리라 나는 확신한다.

그리고 이것이 진행되는 모든 목적은 오직 하나다. 그것은 '페루 복음화'다. 하나님이 복음의 황무지 페루의 영혼들을 사랑하시기에 참으로 부족한 나를 보내셔서 이렇게 기초작업을 맡기신 것이라 믿는다.

# 페루에 제2의 한국을 건설하자

페루는 넓은 땅과 무궁한 지하자원이 가장 큰 매력이다.

나는 미국에서 지내며 10여 차례 이상 페루를 선교차, 사업차, 시장조사차 다녀왔다.

페루는 국토 면적이 한국의 6배(남한의 13배)에 이르러 남미에서 3번째로 큰 국가다. 수준 높은 문명을 영위했던 잉카제국의 숨결이 살아있는 역사적인 곳이다. 11세기 말 중부 안데스 지역에서 나타난 잉카족은 12세기 초반에는 수도 쿠스코를 중심으로 에콰도르, 볼리비아, 칠레를 어우르는 찬란한 잉카문명을 꽃피웠다.

그러나 1532년 스페인의 식민통치 아래 많은 잉카문명의 문화재들이 파괴되었고, 1821년 독립군 지도자인 산마르틴 장군이 독립을 쟁취하기 전까지 스페인 식민지배가 계속됐다. 1980년 군사정권이 퇴각하고 민정체제로 들어섰고, 1990년 이후 경제적 안정을 이루게 되었지만 정치는 불

안정한 편이다.

전체 인구의 반 이상이 해안 사막 지역, 특히 페루의 수도 리마에 밀집해 있다. 상대적으로 생활과 교육환경이 열악한 산간 지역 농업종사자들이 해안 도시로 이주하고 있어 지나친 인구집중과 갖가지 사회문제가 야기되고 있다. 전체 인구 54%가 원주민, 32%가 유럽계 백인과 원주민의 혼혈인 메스티소, 12%가 스페인계 백인, 2%의 흑인, 소수의 아시아계로 구성돼 있다.

1990년부터 여러 산업분야의 민영화가 이루어지며 시장경제체제로 진입했다. 후지모리 정권과 IMF, 세계은행이 협력하며 외국인 투자를 확대해 1990년대 중반 안정적인 경제성장을 이루었고, 인플레이션 위기를 넘겼다. 2000년 후지모리가 변칙적인 3선 연임을 시도하다 그의 부정이 드러나 페루 국민들이 들고일어났다.

페루는 넓은 땅과 무궁한 지하자원이 가장 큰 매력이다. 그래서 한국인들의 높은 교육수준과 부지런함이 이곳에서 발휘된다면 이 나라는 머지않아 아주 저력 있는 나라가 될 것이라 믿어 의심치 않는다. 그래서 내가 페루에 집중하고 있는 것이다.

그리고 또 이곳은 복음이 필요한 곳이다. 크리스천의 사랑과 한국의 저력들, 높은 교육의 힘을 발휘한다면 페루는 반드시 잘사는 나라가 될 것이라 보기 때문이다.

친구 피터 한 선교사가 사역하는 페루 로레또 주만 해도 그 크기가 엄청나다. 나는 왜 좁은 땅에 수많은 국민이 열을 올리면서 옥신각신하고 멀쩡한 바다를 수조 억을 들여 매립지를 만드는지 이해가 안 된다. 이제는 세계 속에 한국이 아니라 한국 속에 세계를 품을 때이기 때문이다. 한국인들이 세계로 계속 뻗어 나가야 한다고 믿는다. 머지않아 통일된다고 가정했을 때 남북한 많은 국민이 좁은 땅에서 무엇을 하고 또 어떤 일자리를 창출해낼까 궁금해진다.

나는 지난 수년간 페루에서 한 걸음씩 그 꿈을 실현해 나가고 있다. 이끼또스 시를 포함한 5개 시(市)와 MOU 체결을 맺었는데 주된 계약 내용은 국제공항, 병원건설, 학교설립 등 그야말로 아무것도 없는 곳에서 거대한 신도시를 만드는 일이다. 사람들은 그 많은 일을 어떻게 하느냐고 놀라지만 난 가능하다고 믿는다.

세계는 이제 넘치는 인구에게 필요한 식량이 곧 부족한 시대가 다가온다. 이때 가장 큰소리칠 수 있는 나라는 식량을 재배할 수 있는 넓은 땅을 가진 곳이다. 그런 면에서 페루는 앞으로 무한한 가능성을 가지고 있다.

즉 우리는 선진 문명과 기술을 페루에 전해주고 그 대가로 그들이 가지고 있는 무궁한 자원을 받는 것이 서로에게 윈윈이 되는 아주 창조적인 일이다. 경우에 따라 넓은 땅도 받을 수 있다. 페루는 사회주의가 아니기 때문에 충분히 가능한 일이다.

옛날 러시아 땅이었던 그 넓은 알래스카를 미국이 사들이도록 추진한 정치인을 생각해 보았으면 한다. 그 당시엔 알래스카 땅을 사는 것에 아무도 찬성을 하지 않았고 오히려 그를 미친 사람이라고 했다.

그러나 1867년 3월에 러시아로부터 고작 720만 불을 주고 알래스카를 사들인 뉴욕 주지사와 국무장관을 지낸 윌리엄 스워드(William Seward)를 미국인들은 두고두고 기억한다. 1에이커에 겨우 2센트, 즉 우리나라로 환산하면 대략 1200평에 2원을 주고 노다지를 구입한 셈이다.

이 알래스카가 군사적으로도 매우 중요할 뿐 아니라 석유도 나오고 자원도 풍부해 미국에 큰 이익을 주고 있다. 이처럼 우리는 시야를 더 넓게 생각해야 한다. 바로 앞만 바라보아서는 안 된다. 윌리엄은 당시 반대에 부딪히는 것은 고사하고 목숨의 위협까지 느꼈지만 후세들에게 물려줄 황금 땅을 생각하면서 끝까지 자기주장을 세워 마침내 그 땅을 미국의 영토로 만들었음을 기억할 필요가 있다.

페루나 남미가 바로 그 모양새다. 그곳의 많은 땅 주인들 중 유럽인 이나, 미국인, 심지어 중국인, 일본인들이 아주 많다. 이미 그들은 지금 페루 등 남미에서 노다지를 캐고 있다. 일본의 경우 이민 2세들 중에 대통령도 세웠다.

나는 이곳 페루가 기독교 국가로 세워질 때 더 크게 발전한다고 믿는다. 그것 때문에 내가 지금까지 수많은 시간적·물적·인적 투자를 해 온 셈이다. 때론 너무 고통스러워 눈물을 흘리고 방법이 없으면 무릎 기도로 지금까지 버티어 왔다.

그동안 사실 많은 투자희망자들과 페루를 방문했다. 그러나 많은 자료와 상황 설명을 했음에도 불구하고 나와 많은 시각차를 보였다. 당장 이득을 내고 수익구조로 돌릴 것에 다급해하는 이들, 선교적인 마인드가 전혀 없기에 이들에게 설명하는 것이 나로선 너무나 힘들기도 했다. 1개를 주고 조금만 기다리면 10개를 받을 것인데 1개 줬으면 당장 2개로 불려서 달라는 식이다. 당장 못 주면 1개도 못 주겠다는 것이 대부분의 생각이다.

관심을 두지 않다가 신문이나 TV에서 페루에 대한 긍정적인 소식이나 외국 투자 붐이 불면 내 핸드폰 전화벨 소리가 요란하게 울린다. 그동안 만난 소자본 투자가들은 금방 몇백 배의 이익창출을 얻자고 덤빈다. 사기꾼 같은 속셈이다. 연결해 본 정부는 거리가 멀다는 이유로 차일피일 미룬다. 큰 대기업은 수년간 이곳에서 터를 닦은 나를 아무 생각도 않고 그냥 공부 않고 커닝하는 못된 학생처럼 공짜로 낚아채려고 하거나 정보만 알려고 하는 경우도 많이 만났다. 이런 과정을 두루두루 거치다 보니 오기가 생겨 더더욱 하나님께 기도와 간구로서 계속 쉬지 않게 기도할 수밖에 없는 상황이 이어지고 있다.

이 기도는 나 자신의 일이 아닌 후세들에게 멋있는 유산을 상속하기 위함이니 반드시 하나님께서 그렇게 이루어 주실 것이라 굳게 믿는다. 그래서 안으로는 믿음의 교육자로 본분을 다하면서 밖으로는 '3E'을 통해 페루에 관한 선교와 사업을 해오고 있다.

이 페루에 관한 다양한 사업은 하나님이 피터 한 선교사를 만나게 하고 그와 동역하며 얻어낸 것이기에 여기에 대한 수익이 생겨도 하나님 뜻에 맞게 사용할 것을 다짐하고 있다. 예수님의 지상명령 '땅끝까지 복음을 전파하라!'는 말씀을 바탕으로 창대한 꿈을 크게 꾸고 땀도 남들보다 많이 흘리면 반드시 하나님께서 축복을 주실 것이라 믿는다.

기도 가운데 나는 페루에 '제2의 한국건설'을 그린다. 많은 이들이 내 주장에 황당해 한다. '어떻게 그 넓은 남의 나라 페루에 제2의 대한민국을 만드느냐?'고 말이다. 그러나 나는 충분히 할 수 있다고 믿는다. 미국 LA만 해도 100년 전에 우리 선조들이 뿌린 눈물의 씨앗들이 이제는 서서히 열매를 맺어 한국인들이 미국에서 아주 잘살고 있다. 많은 주에 한인들이 리더로 세워지고 있다.

그래서 나는 페루 사업이 본격화되면 큰 도시부터 조그마한 동네에 이르기까지 한국어로 하나하나 이름을 지어보려고 한다. 그리고 어디에 교회를 세우고 어느 곳에 아름다운 신학대학을 세울까 하는 생각도 해보며 혼자 흐뭇해한다.

하나님은 6·25 때 불타 잿더미밖엔 없었던 자리에 지금의 대한민국을 건설해주셨다. 이런 살아계신 기적의 하나님을 믿으면 지금의 페루는 우리보다 환경이 훨씬 더 좋다. 아직은 가난과 황폐함이 가득한 아마존이지만 이곳이 멋지게 변할 날을 기대하며 계속 기도의 고삐를 늦추지 않을 생각이다.

여러분에게도 페루를 위한 응원을 부탁드린다.

훈 HAN

한국인으로서, 대학교수로서 미국에서 살아가는 일은 보람도 있고 긍지도 느끼지만
항상 내 모습이 바로 한국을 대표한다는 생각에 매사 행동을 조심하려고 노력한다.

# 4

## 교육은 미래다

# 미국에서 한인으로 교수가 되어 일한다는 것

어느 주에 가나 한인들이 있고 직업도 천차만별이다.
모두들 치열하게, 열심히 살고 있다.

1996년부터 공부를 시작한 나는 2008년에야 공부가 끝났다. 햇수로 무려 13년을 학교에 다닌 것이다. 그동안 받은 미국 졸업장이 4개나 된다. 시튼홀(Seton Hall)대학에서 받은 학사졸업을 시작으로 뉴욕스튜디오스쿨(New York Studio School)에서 받은 수료증서(당시 이 학교는 수료증만 주었는데 지금은 석사 졸업장을 줌), 펜실베니아(Pennsylvania)대학에서 받은 미술 석사, 그리고 컬럼비아(Columbia)대학에서 교육학 석사와 박사과정을 마쳤다.

아직도 나에겐 박사논문 제출이라는 과제가 남아 있어 열심히 칸을 메우고 있다. 지난 2008년부터는 스탁튼대학의 교수가 되어 학생을 가르치고 있다. 그렇게 희망하고 기도했던 미국 대학교수가 된 것이다.

만약 내가 논문만 남겨놓는 박사과정 졸업시험을 통과 못 했더라

면 학교에 더 남아야 할 형편이었다. 그러나 가장 적당할 때에 주님께서는 은혜를 베풀어 주셨다. 몇 년 전까지만 해도 가끔 나는 딸린 식구들을 생각지 않고 내 위주의 생각을 할 때가 있었다. '여유가 좀 있었더라면 일찍 논문을 끝내고 박사학위를 받았을 것'이란 생각이다. 그러나 이제는 청춘 40세가 아닌 한 집안의 가장으로 식구들에게 신경을 써야 했다. 그래서 논문은 천천히 하기로 했다.

많은 한국인들이 미국에서 살고 있다. 이곳 미국에서의 생활이 그렇게 녹록하지 않다. 어느 주에 가나 한인들이 있고 직업도 천차만별이다. 모두들 치열하게, 열심히 살고 있다.

세상에는 음과 양이 존재한다. 좋은 일도 있지만 나쁜 일들도 있게 마련이다. 학교에 몸을 담고 있는 나는 미국 주류사회에서 일어나는 일들과 한국인 사회의 모습을 동료 교수들, 또는 매스컴에 의해 알게 되는 경우가 있다. 물론 얼굴이 화끈거리는 일도 있지만 가슴 뿌듯해지는 일도 많다.

한국인으로서, 대학교수로서 미국에서 살아가는 일은 보람도 있고 긍지도 느끼지만 항상 내 모습이 바로 한국을 대표한다는 생각에 매사 행동을 조심하려고 노력한다.

나는 주일예배는 꼭 한인교회에 가서 드린다. 많은 성도들도 만나고 친교를 가지는 것이 참 즐겁다. 교포교회 성도들은 보통 각자의 직업을 묻지 않는다. 그러다 좀 안면이 트이면 '무슨 일을 하시나요?'라고 질문을 받게 되는데 난 좀 망설이다 '네. 학교에서 학생을 가르칩니다.'라고 대답하게 된다.

학생으로서 공부할 때는 쉽게 '아, 네. 공부 중입니다.' 하면 대부분 별로 질문을 하지 않았는데 교수란 직업을 가진 후에는 아주 조심스럽게 대답해야 했다. 미국에서 특히 한인 사회에서 직업을 말할 때 겸손을 가지고 대해야 오해를 받지 않는다. 생각 없이 솔직하게 대답을 해도 잘난척한다고, 상대방에게 건방지다는 오해를 일으킬 수 있다는 것을 알게 됐기 때문이다.

보통 미국에서 한인들은 직업이 세탁소, 델리 가게, 식당, 채소 가게, 주유소 운영 등이 많다. 이에 비해 교수란 직업이 한인으로선 아주 드물어 내가 마치 자랑하는 것처럼 상대에게 보인다는 사실이다. 참 조심스러운 부분이다.

나로서는 있는 그대로 이야기해도 상대한테 껄끄럽게 들리면 그것은 건방진 상황이 되고 만다. 그것은 그분들도 한국에서는 다 좋은 대학 나오고 한 목소리를 했는데 미국에 와서 머리가 아닌 몸으로 일하는 직업을 가지고 있는 것에 대한 반작용이 아닌가 나름대로 생각해 본다.

미국에 와서 교회생활을 하면서 너무나 안타까운 것이 있다. 교회에서 서로 상대방 흉을 보는 것이 많다는 것이다. '누구누구 집사는 이렇고 저렇고 누구 장로는 이렇고 저렇고' 하면서 일주일간의 힘든 일의 대가인지 이렇게 남의 험담을 거침없이 펼쳐놓는 것을 종종 보고 있다.

반면에 아주 훌륭한 성도들도 너무나 많다. 개개인의 인격이란 오랫동안 갈고 닦아온 그 사람만의 개성이자 성격의 종합체이므로 누구도 쉽게 판단하거나 자신의 잣대로 저울질할 수가 없다. 이것은 오직 한 분, 하나님께서 할 수가 있지 않을까 생각해 본다. 지금까지 나는 수업을 시작할 때나 마칠 때 항상 감사기도를 드린다.

"주님께서는 내게 가르치는 직업을 주셨습니다. 남에게 겸손할 줄 아는 좀 더 성숙한 삶을 살게 도와주옵소서. 매사에 감사하게 하시고 이웃을 섬기는 나눔의 삶을 살게 하옵소서."

나도 한때 내가 이룬 것이 자랑스러워 남에게 이것을 드러내고 우쭐거린 때도 있었다. 그러나 성경 말씀 '나의 나 된 것은 하나님의 은혜로 된 것이니 내게 주신 그의 은혜가 헛되지 아니하여'란 말씀을 읽고 난 뒤 나 자신이 너무나 부끄러웠다.

그 후 나 스스로 부단히 노력하다 보니 나도 모르게 겸손함이 자연스럽게 묻어나오는 것을 느낄 수 있었다. 주변에서도 내가 많이 달라졌다고 했다. 되도록 남의 입장에서 생각하고 판단하려고 노력하면 무리가 없다. 그러나 가끔은 못난 습관들이 불쑥불쑥 튀어나올 때가 아직은 있다.

학교에서의 교수생활은 학생을 가르치는 것으로만 끝나지 않는다. 항상 나의 짧은 미국 문화 지식에 부딪히게 될 때 어려움을 느낀다. 예를 들어 교수들의 농담 섞인 이야기에 쉽게 끼지 못할 때가 있다. 전날 신문이나 TV를 보았으면 서로 이해가 되고 말동무도 될 수 있지만 그렇지 못하면 자칫 벙어리가 되어 있어야 한다.

미국인들이 가지고 있는 대화 주제는 다양하다. 풋볼게임이나, 야구, 그리고 어제 일어난 총기사건, 오바마 대통령 정책 등이 모두 대화 소재가 된다. 이것을 충분히 이해하고 본질을 알지 못할 경우에 은근히 왕따를 당하기 일쑤다.

문화의 습성은 자라면서 같이 성장해야 자연스러워진다. 좋은 습관이나 훌륭한 개성도 아주 어릴 때부터 자라나야 훌륭한 인품으로 완성된다. 여기에서 꼭 빠져서는 안 될 것이 있다. 바로 성경 말씀이다. 즉 하나님 말씀이 우리 속 깊게 자리 잡고 있으면 훗날 놀라운 기적들이 일어나고 기쁜 일들이 넘친다.

기도의 제목들은 각기 다르겠지만 내 기도에 반드시 하나님께서 응답해 주신다고 믿으면 그대로 되는 것을 자주 체험한다. 나는 지금까지 여러 기적들을 직접 체험하면서 이러한 놀라움의 기쁜 일들을 나누고자 더 열심히 노력하고 하고 있다. 나는 사람들에게 항상 이렇게 권면한다.

"하나님은 살아계십니다. 그리고 100% 믿고 행해 보세요. 하나님의 임재와 역사를 확실히 느낄 수 있습니다."

나는 지금까지 인도하시고 능력을 주신 하나님의 은혜에 감사하며 계속 더 정진할 것이다. 나의 비전은 여기서 멈추지 않는다. 더 넓고 큰 세계를 향해 거침없이 달려갈 것이다.

# 동성애 성희롱으로 신고당하다

미국학생들을 가르치는 교수가 된 지금도 미국의 보이지 않는
두꺼운 문화에서 가끔 실수를 하곤 한다.

나는 30대 초반부터 개인 사업을 했기에 다방면으로 눈치가 빠르고
특히 외국 생활은 출장도 많이 다닌 편이어서 어디서나 낯을 가리지 않
고 적응을 잘하는 편이다. 또 아카데미 영어가 아니라 콩글리쉬 즉 엉터
리 영어도 많이 습득해 의사소통은 잘한다고 생각했던 나였다. 그런데
막상 영어에 깊이 들어가고 보니 내 실력이 얼마나 보잘것없었는지 부끄
러워 한동안 영어공부만 파고들었다.

또 어느 나라에 가서도 음식도 가리지 않고 잘 먹는 편이다. 어릴 적
부터 절대 반찬을 가리지 않았고 정 반찬이 없으면 밥을 물에 말아 훌
훌 마셔버리곤 했다. 이런 습관으로 늦은 미국 유학이었지만 다른 이들
에 비해 별 어려움이 없었다.

그런데 미국 문화를 속속들이 알 수 없다 보니 황당한 일들을 많이

겪었다. 미국 생활 17년이 넘었고 이제 미국 학생들을 가르치는 교수가 된 지금도 미국의 보이지 않는 두꺼운 문화에서 가끔 실수를 하곤 한다.

이 중에서 기억나는 몇 가지를 재미로 소개하고자 한다. 그리 오래된 일이 아닌 바로 몇 년 전 사건이다.

나는 내게 배우던 학생들을 캠퍼스에서 만나기라도 하면 내가 먼저 '하이!'라고 외치며 반갑게 손을 번쩍 들어 인사했다. 하이파이브를 하거나 어깨를 툭툭 치곤 했다.

어느 날 내가 가르쳤던 디자인(Design) 수업시간에 들어온 남학생이 있었다. 그 학생은 아주 그림솜씨가 뛰어나 내가 눈여겨보았다. 그는 경영학이 전공이었지만 전공을 바꾸어도 될 정도로 미적 감각과 실력이 있었다. 한 학기 수업 후 그 남학생은 학교에서 보이지 않았다.

그런데 어느 날 강의실 옆 복도에서 그 학생을 우연히 만나게 되었다. 나는 얼마나 반갑든지 크게 소리 내어 인사를 나눈 뒤 가벼운 포옹을 했다. 그리고 그 남학생의 전공이 궁금해 대화하며 반가움의 표시로 어깨를 자연스럽게 만졌다. 그런데 그 남학생이 아연 실색하면서 나에게 벌컥 화를 내는 것이 아닌가. 거기에다 욕설까지 퍼부으면서 뛰어가버려 몹시 당황하지 않을 수 없었다. 수업시간에 보았던 차분한 그 학생의 모습이 전혀 아니었다. 난 그 학생의 뒷모습을 바라보면서 '내가 학생을 잘못 보았나?' 라고 생각하며 수업에 들어갔다.

다음날 학교에 출근했는데 학교 소속 변호사로부터 전화가 걸려왔다. 학교 도서관에서 나를 좀 만나자고 했다. 무슨 일이냐고 묻자 나에게 좀 심각한 일이 생겨 조사해야겠다는 것이었다.

키가 훤칠하고 50대 중반으로 보이는 그 변호사는 나에게 '이 교수냐?'라고 묻더니 자기가 묻는 말에 천천히 대답하라고 했다. 마치 취조하는 듯한 느낌이었다.

알고 보니 어제 만난 제자가 내가 자신에게 이상한 행동 즉, 성희롱을 했다고 학교에 신고한 것이었다. 나는 속으로 아찔했지만 차분하게 변호사가 묻는 대로 합당한 대답을 했다. 한국과 미국이 문화가 서로 다르기 때문에 생긴 오해라고 말이다. 한국에서는 학생들에게 흔히 행하는 행동이고 만약에 이런 이유로 잘못이 되었다면 너그럽게 이해해 달라고 했다.

나는 그 학생을 오랜만에 만나 아주 기뻐 그런 행동을 한 것이 분명했다. 나를 먼저 조사한 학교 측 변호사는 비주얼 아트 동료 교수들에게 나의 개인 신상들을 자세히 물어보았는지 며칠 후 내게 미안하다며 전화를 걸어왔다.

오히려 나를 신고한 그 학생은 대마초를 피우다 여러 번 학교 측으로부터 경고를 받은 적이 있는 문제 학생이었다. 그런데 나는 그 학생이 전혀 괘씸하지 않았다. 이 무렵 새벽기도를 열심히 다녔는데 오히려 어떻게 그 문제 학생을 바로 잡을 수 있을까 고민을 했다.

그래서 내가 먼저 그 학생에게 연락했다. 자신도 충분히 학교로부터 설명을 들었는지 내게 좀 미안해하는 것 같았다. 나는 그 학생과 차를 마시며 다시 한 번 문화적 차이에 대한 이해도 시키고 나의 어려웠던 미국 유학생활 경험담도 털어놓았다. 훗날 내가 이룰 꿈과 비전을 대해서도 이야기해 주었다.

그러자 그 학생은 내게 정식으로 사과했다. 그리고 자신이 외부 환경에 너무 민감하게 흔들린다며 자신의 마음을 좀 바로잡아달라고 부탁하는 것이었다. 본인도 적성에 맞는 디자인을 전공하겠다며 좀 도와달라고 했다. 이 말을 듣고 얼마나 기쁘고 반가웠는지 즉석에서 나는 그 학생에게 필요한 여러 가지 서류와 미술대 대학원 진학에 필요한 추천서도 써 주었다.

그는 나중에 다른 지역에서 대학원을 잘 마치고 훌륭한 디자인회사의 중역으로 사회생활을 잘하고 있다는 소식을 들었다. 나는 너무 흐뭇했고 그가 멋진 여자를 만나 결혼을 하고 행복한 크리스천 가정을 이루길 간절히 기도해 주었다.

대학의 본질적인 사명은 충실한 학생 교육에 있다. 그리고 교육의 힘이란 지난 역사로부터 후세까지 핵폭탄보다 더 큰 위력이 있다고 나는 믿는다. 진정한 교육이란 마치 길거리에 버려진 차디찬 돌멩이에 온기를 불어넣고 혈맥이 뛰는 생명체를 만드는 일이기도 하다. 단순히 지식만 전달하는 것이 아니라는 생각이다.

태초에 하나님께서 인간을 하나님의 형상대로 만드셨고 또한 하나님의 입으로 인간에게 온기를 불어넣은 것이기에 우리는 이렇게 숨을 쉬고 있고 만물의 영장이 되었다. 교육도 학생들에게 교수들의 진정한 사랑을 깊이 불어넣어야만 훗날 교육을 받은 훌륭한 인격자로서의 사명을 감당할 수 있을 것이라고 나는 항상 생각한다.

또 다른 이야기를 하나 더 소개하고자 한다. 미국에서는 대충 생각하고 행동하는 것은 절대 금물이다. 특히 법에서 벗어나는 행동은 삼가야만 한다. 위법은 봐주는 것이 결코 없다. 법을 지켜야 살아갈 수 있음을 절실히 체험한 일이 있다.

학부 시절 뉴욕스튜디오스쿨에서 그림공부를 할 때 뉴저지에서 기차를 타고 뉴욕 역에 내려 다시 전철을 타고 뉴욕대학 근처까지 가는 전철을 주로 이용했다. 그런데 이상하게도 그 전철역에는 표를 조사하는 승무원이 아무도 없었다.

처음에는 지나쳤는데 어느 날 나는 아무도 기차에 탑승한 사람이 없어 그냥 눈치껏 탔다. 즉 표를 자판기에서 구입하지 않고 공짜승차를 한 것이다. 당시 전철 표는 1불 30전 정도인 것으로 기억한다. 그 공짜전철을 5일만 타면 조그마한 스케치북 2권을 구입할 수 있었기에 가난한 유학생인 나는 나중에 돈 벌면 한꺼번에 차비를 내겠다는 잘못된 생각을 하며 공짜열차를 탔다.

4일간 공짜승차를 할 때까지는 아무런 일이 벌어지지 않았다. 전혀 누구도 나에게 간섭을 하지 않았다. 그런데 5일째 되던 기차 안에서 어디서 왔는지 아주 건장한 두 명의 경찰이 나를 에워싸더니 양쪽 팔을 꽉 잡고 역 사무실로 무조건 데리고 들어갔다.

나는 정신이 아찔해 주위를 둘러보니 역 구석구석까지 볼 수 있는 모니터들로 꽉 차 있었다. 그리고 그 경찰들은 며칠간 표를 끊지 않고 간 내 행동들을 다시보기 화면으로 보여주면서 질문했다.

"넌 도대체 뭐 하는 사람이냐?"

나는 당황도 되었고 '아이쿠! 하나님에게 벌을 받았구나!' 싶었다. 나는 말했다.

"학생인데 정말 미안하다. 다신 이런 일 없을 테니 한번 봐 달라."

그러나 경찰들은 무표정하게 종이에 빡빡하게 기록을 했고 벌금 영수증 종이를 주면서 "이 종이에 다 적혀 있으니 그대로 실행하면 된다!"

고 하면서 "굿 럭!"이라고 말하더니 그때서야 빙그레 웃었다.

몇 주 후 편지가 왔는데 뉴욕 모 법원에 출석하라고 했고 그곳 판사로부터 벌금 판결을 받았다. 내가 탄 공짜 전철비의 100배 정도였던 것으로 기억한다. 흑인 판사는 내게 '앞으로 6개월 이내에 이런 일이 또 생기면 그때는 감옥을 간다.'고 경고했던 것 같다.

한국에서는 너무나 큰 일인데 오히려 미국에서는 아무렇지 않게 지나가는가 하면 한국에서는 아무 일도 아닌데 이곳 미국에서는 엄청 큰 사건이 될 수 있는 것이 많다.

그중에서도 법을 위반하면 엄청난 피해를 입는 곳이 바로 미국이다. 특히 거리의 경찰들은 아주 위엄이 있고 그들이 하는 말이 법 이상이다. 거리에서 교통법규라도 위반을 하면 뒤따라온 경찰의 말에 절대 복종해야 한다. 그렇지 않을 경우 경찰이 총으로 쏘아도 할 말이 없는 곳이 바로 미국이다.

펜실베니아대학에서 첫 학기 미술석사 공부를 할 때였다. 점심시간에 조금 황당한 일을 당한 적이 있다. 식사하러 학교기숙사로 가는 도중이었다. 많은 학생들이 줄을 서서 샌드위치를 공짜로 받는 모습을 보고 나도 기다렸다가 하나 받았다. 그리고 가려고 하는데 나이가 좀 있는듯한 남자가 자꾸 나에게 웃으면서 서류를 보이며 가입하라고 했다. 내게 내민 종이를 보니 가이 클럽(Guy Club)에 가입하라는 내용이었다. 주위를 살펴보니 남자들만 줄을 서 그 공짜 빵을 먹고 있었다.

빵을 받아들고 서류에 적힌 글자를 자세히 보니 'Guy'가 아니라 'Gay'였다. 나는 황당했지만 손에 쥐었던 빵을 주머니 속에 넣고 줄행랑을 친 우스운 일이 새삼 생각이 난다. 식구들에게 이 사실을 이야기했더니 한참을 같이 웃었다.

펜실베니아대학과 컬럼비아대학에는 동성연애자들이 제법 많았다. 나는 여름밤에 종종 학교캠퍼스 푸른 잔디에 누워 빛나는 별을 보면서 향수를 달랬다. 하지만 바로 옆에서 들리는 동성연애자들의 쪽쪽거리는 입맞춤 소리가 너무나 거슬려 귀에 솜뭉치를 넣고 밤하늘을 감상하곤 했다.

동성애에 관대한 미국은 결국 기독교가 쇠퇴하고 있다. 성경은 분명 동성애를 죄악으로 가르치고 금하고 있다. 우리도 정신을 바짝 차려야 한다. 하나님이 가르치시고 지키라고 한 것은 모두 성경에 있다. 성경이 우리의 행동지침서인 것이다. 세월이 흐르고 문화가 달라져도 하나님의 말씀은 달라지지 않는다. 성경대로 사는 삶, 성경대로 지키는 신앙인이 되려고 노력해야 한다.

이외에도 미국에서 공부하면서 적지 않은 인종차별을 겪었다. 타향살이의 서글픔도 참 많았다. 학비를 제때 못 내어 겪어야 했던 설움도 컸다. 기숙사비를 못 냈던 어느 날, 도서관에서 돌아오니 큰 자물쇠로 내 방 입구가 잠겨 있었다. 쇠사슬로 칭칭 돌려 감아 잠가 놓았던 학교 측의 겁주기는 한국에선 도저히 볼 수 없는 일이었다.

너무 배가 고파 쓰레기통을 뒤져 배를 채워야 했던 시절도 있었다. 건물청소용역을 하면서 변기 청소를 했던 적이 있다. 맨손으로 배설물을 치워야 했던 시간들, 화씨 100도가 넘는 날씨에 도심 한복판에서 벽화를 그리면서 왼쪽 눈이 거의 실명할 정도까지 갔던 시련들은 이제 내가 이루어낸 열매에 가려져 있을 뿐 이 모든 것들이 오늘을 만들어 낸 자양분이 되었음을 고백하지 않을 수 없다.

그리고 아내를 험악한 흑인동네 가게로 아르바이트 보내야 했던 일도 지금 생각하면 참 미안하다. 아무 일 없이 지켜주신 하나님께 감사드린다.

돌이켜 보면 나의 미국 유학생활은 매사에 감사의 미소를 잊지 않고 생활을 했기에 이 어려움들을 다 이겨낼 수 있었다. 하나님은 반드시 시련 뒤에 더 큰 선물을 주시곤 했다. 유학 시절의 그 많은 어려움들을 이렇게 추억으로 되씹으며 말할 수 있다는 것, 이 역시 감사의 이유가 아닐 수 없다.

# 언어에 담긴 민족성과 전통성

어릴 때부터 직접 그들의 문화와 환경에 접하지 않았다면
알 수 없는 그 무엇이 있다.

나는 펜실베니아대학에서 미술 석사과정을 공부했다. 이 전공과는
달리 컬럼비아대학원에서 박사과정을 하면서 전공으로 다시 '예술 교육
학(Art Education)'을 선택했다.

전공이 좀 다른 것에 의아하게 생각할 분도 있을 줄 안다. 내가 책을
읽고 과제를 제출하고 끊임없이 발표하고 또 이어지는 논문 준비를 하
면서 스스로 판단해 결정한 부분이다.

사실 처음에 공부하면서 '끝이 보이지 않는 전쟁'이라는 생각을 했
다. 당시 컬럼비아대학원 박사과정에 나를 포함해 4명이 입학했다. 영국
에서, 보스턴(Boston)에서, 뉴헤븐(New Haven Connecticut)에서 왔고 난
필라델피아에서 왔다.

동료들은 나름대로 인생철학이 뚜렷했고 최고의 대학에서 공부한

다는 자부심을 갖고 최선을 다해 학업에 몰두했다. 살펴보니 이 중에서 내가 가장 실력이 뒤떨어진 편이었다. 수업 중 교수와의 대화나 과제물들을 제출할 때나 발표를 할 때 이것을 뚜렷이 느꼈지만 나는 조금도 위축되지 않았다. 그저 꾸준하게 성실성을 갖고 그들을 뒤쫓아 따라갔다.

오랜 공부를 통해 학문은 모르는 것을 배우는 것이기에 잘 몰라도 부끄러워할 필요가 없다. 그것을 잘 아는 사람에게 배우면 되는 것이다.

사실 가장 힘든 것은 무엇보다 언어였다. 언어는 소통의 대화로 표현됨은 물론이고 그 민족성과 연결되는 정체성도 갖고 있다. 영어권이 아닌 학생들이 나름대로 회화를 능통하게 잘 구사한다손 치더라도, 어릴 때부터 직접 그들의 문화와 환경에 접하지 않았다면 알 수 없는 그 무엇이 있다.

이것이 없으면 어떤 글도 자연스럽게, 논리적으로 감성에 맞게 언어를 서술하는 데에는 많은 무리가 따른다는 것을 알게 되었다. 결국 외국인으로서는 한계가 있다는 사실을 발견한 것이다.

많은 외국인들이 영어를 마스터하기 위해 엄청난 노력을 하고 있다. 아시아계 학생들이 틀에 박힌 문장과 문법을 달달 외우는 경향이 있다. 그런데 노력과 실력은 반드시 비례하는 것이 아닌 것 같다. 효과적인 노력과 지혜로운 공부방법이 영어를 완벽하게 만들어 준다. 영어의 왕도는 무엇일까. 영어를 잘하는 방법을 곰곰이 생각해 본다.

한국인들은 미국 현지에서 태어난 2세, 초등학교 때 부모님들과 미국으로 이민 온 세대, 그리고 중학교 때, 고등학교 때 온 1.5세, 그리고 대학교 때 온 세대 등 여러 가지로 나뉜다.

영어공부엔 물론 노력이 중요하지만 환경도 중요하다. 한국인들이 영어를 마치 자기 모국어처럼 능통하게 사용하고 표현하려면 모든 것들이 자연스럽게 몸에 배어야 가능하다. 아무리 영어에서 자국어로 번역과 통역을 잘한 것이라 해도 그 속에 의미하는 내용은 많은 차이가 있다.

이유는 언어에는 민족성과 고유한 전통성이 담겨있기 때문이다. 지금 세계 공통어는 영어이기 때문에 반드시 영어를 잘 구사할 수 있어야 세계 경쟁에서 앞설 수 있다.

한국에서 사업할 때 난 골프를 남달리 잘 쳤다. 처음부터 정확하게 프로 선생에게 체계적으로 배웠기 때문이다. 영어도 정확한 선생에게 잘 배워야 발음도 훌륭할뿐더러 아카데미 영어를 잘 구사할 수 있다.

아울러 신문, 잡지 등에 자주 나오는 짧은 문장들은 암기하는 것이 영어공부에 아주 좋다. 짧은 문장 암기가 특히 중요한 이유는 외우다 보면 저절로 자기 것이 되기 때문에 구태여 문장을 머리 굴려 서술할 필요가 없어지기 때문이다.

외운 영어만큼 간편하고 완벽한 영어문장이 없다. 영어는 자주 반복하여 암기해야만 습득하기 쉬운 언어다. 언어에 대해서 특별하게 관심과 흥미를 갖는, 천재성을 지닌 사람들이 간혹 있다. 그러나 보통 나같이 평범한 사람들은 꾸준한 반복 암기와 땀 흘리는 노력으로 영어를 극복하는 것이 무엇보다도 중요하다.

그리고 가급적 일찍 영어권 문화를 익혀야 한다. 단 1개월이라도 영어권에서 몸으로 부딪치면서 생활해 볼 것을 권하고 싶다. 그리고 날마다 주위에 보이는 물건들을 하나씩 영어 명칭으로 되새겨 읽어 보길 바란다. 이러는 과정에서 영어 실력이 어느덧 중급이 되어 있을 것이다.

어느 곳이나 외국인이 보이면 다가가 말을 걸어보고 대화를 직접 한 번 해보아야 한다. 아마 새로운 세상을 맞이하는 느낌이 들 것이다. 말이 되든지 되지 않든지 일단 행동에 옮기는 노력이 필요하다.

언어습득의 지름길은 항상 가까이해야 한다는 사실이다. 마치 스마트폰을 항상 손에 가지고 다니듯 영어가 자신의 주변에서 떠나지 않아야 한다. 이런 습관을 항상 들이면 미국에 와서도 별 이상 없이 언어생활에 잘 적응을 하게 된다.

외국영화를 시청하는 것도 엄청난 도움을 준다. 영화 장면 속에서 인물들이 나오는 장면, 그리고 배경들을 주시하면 그들의 문화를 볼 수가 있다. 집의 형태, 환경, 음식들, 이 모두가 문화에 속하는 아주 중요한 것이기도 하다.

대체로 유럽인들이 아시아 사람들보다 미국에 와서 영어와 미국 문화에 잘 적응할 수 있는 것도 서로 생활문화가 비슷한 것이 그 이유 중 하나다. 그리고 그들은 도전적 사고방식을 가진 것도 비슷하다.

내 경우 어렸을 때 서부영화를 아주 좋아했는데 결국 미국에 와서 승마를 쉽게 배우는 동기가 되었다. 나는 이미 영화 속에 나오는 말들과 함께 친근감을 느끼는 친구가 되어 있었기 때문이다.

지구의 반대편에 존재하여 다른 문화, 다른 기후, 다른 얼굴들을 우리가 지녔지만, 이젠 인터넷으로 어디든지 순식간에 방문하고 소통할 수 있다. 색다른 문화라도 날마다 아주 쉽게 접할 수 있다.

나는 요즘 젊은이들이 너무나 부럽다. 세상과 소통하고 할 수 있는 분야가 아주 무궁무진하고 또 쉽게 자기 것으로 만들 수 있기 때문이다.

　여러분의 세상이 크게 손짓을 하며 우리를 부르고 있다. 마음껏 꿈을 펼쳐 보이길 바란다. 세계는 여러분들의 품 안에 있다. 여러분이 언어를 정복하는 만큼 세계는 더 넓어진다.

# 취미생활이 삶을 풍요롭게 한다

건강한 정신은 건강한 몸에서 나온다.

미국에서는 다양하고 독특한 취미생활을 하는 사람들을 쉽게 만날 수 있다. 책갈피를 전문적으로 수집하는 사람, 빈 맥주 깡통을 모으는 사람, 온갖 종류의 악기를 다루는 사람, 산을 오르는 사람, 낚시를 즐기는 사람, 골동품이나 카드, 만화책 수집가 등 각기 취미가 다른 수많은 사람들을 만난다.

그 각양각색의 독특하고 다양한 취미와 수집이 매우 즐겁게 보이고 또 아름답게 보인다. 그들은 하나같이 취미생활을 통해 자기 자신을 더욱더 사랑하게 되고 정서적으로 도움을 받는다고 입을 모은다.

이처럼 취미는 삶을 즐겁고 보람되게 해주는 중요한 요소다. 미국 학교들은 학생들이 방과 후 취미생활을 하는 것에 대해 엄청나게 신경을 써준다. 한국의 경우는 감성과 덕성을 키워주는 예체능 과목이나 도

덕과 윤리 과목 등이 일반적으로 우습게 취급받는다. 국어, 영어, 수학, 과학 과목만 집중적으로 공부시킨다.

인간이 동물과 다른 것은 생각과 감성과 감정이 있어 스스로의 노력에 따라 삶을 풍요롭게 행복하게 만들 수 있는 능력을 가지고 있다는 것이다. 감성이 메마르면 창조적인 생각을 하고 합리적인 가치판단과 사회생활을 할 수 있는 능력도 떨어진다. 이를 위해 철학이나 상식, 교양공부도 반드시 필요하다.

난 어릴 때부터 해온 취미생활이 한 사람의 인성을 키우는데 아주 훌륭한 역할을 한다고 여긴다. 학자들의 연구 결과와 통계를 살펴보면 결손 집안에서 범죄자가 많이 생긴다. 소외되고 고통받으며 자라다 보니, 사회를 바로 보지 못하고 부정적인 시각으로 보기 때문이다.

좋은 인성은 하루아침에 이루어지지 않는다. 긴 시간이 필요하다. 좋은 과실을 맺으려면 한 그루의 과일나무를 심어서 알맞은 햇빛과 물, 그리고 적당한 양의 거름과 온도가 수확 시까지 필요한 것과도 똑같다.

이 취미생활 중에서 특히 '운동을 열심히 하는 취미'는 아주 필요하고 중요하다. 운동을 하면 일단 몸이 튼튼해지고 다이어트가 되어 삶이 역동적이 된다. 우리가 게으름을 피우면 한없이 게을러지는데 이를 방지하는 가장 좋은 것이 바로 운동이다. 나도 운동을 좋아해 그 바쁘고 힘든 유학생활 속에서 운동을 즐겼다.

돈도 없이 승마를 즐겼는가 하면 조깅과 수영으로 체력을 키웠다. 학교 체육관에 가면 나름대로 계획을 세워 일정대로 운동했다. 하루는 수영, 다음날은 기초 운동(근력운동)과 조깅을 하면서 체력 증강에 땀을 흘렸다.

컬럼비아대학에서 공부할 때 복싱클럽에 들었는데 스파링 상대가 젊은 흑인 청년이었다. 그와 권투를 하다가 한 대 맞고 링 위에 대자로 뻗은 적도 있다.

나는 때론 사람들이 드문 외딴 장소에 가서 고래고래 소리를 질러가며 쌍절곤을 휙휙 돌렸다. 이것이 스트레스를 푸는 데 굉장히 도움이 됐다. 학교 체육관을 아마 가장 열심히 이용한 학생이 바로 내가 아니었나 싶다.

나는 '건강한 몸에서 건강한 생각과 정신이 나온다.'는 말을 절대적으로 신봉한다. 여기에 하나 더 붙이면 '공부도 체력이 좋아야 잘한다.'고 말하고 싶다.

실제 내 몸이 아프면, 모든 것이 귀찮아지고 눈에 들어오지 않는다. 거리를 오가다가 중국집이나 일본식당 윈도에 진열해놓은 먹음직한 음식 모형을 볼 때 배가 꼬르륵 소리를 내면 그냥 지나칠 수 없다. 가던 길을 멈추고 음식 모형을 자세히 살피고 맛이 좋을지 상상해 본다. 그리고 못 참으면 들어가 조금 전 본 음식을 바로 주문하게 된다. 내 몸이 그렇게 반응하는 것이다.

객지에서 특히 유학 중에 몸이 건강하지 않으면, 도저히 공부를 지속하지 못한다. 건강을 지켜야만 미국학생들과의 경쟁에서 이길 수 있다. 미국은 땅이 넓어서인지 한국에서보다 에너지가 더 많이 소모되는 것 같다.

미국에서의 공부는 마치 운동경기를 하는 것과 같다. 공부의 승패도 누가 더 인내심과 체력이 강하냐에 달려 있다고 생각한다. 특히 미국의 학문 시스템은 엄청난 양의 리서치(research)와 개인의 꾸준한 노력으로 승부를 거는 것이라고 생각된다. 그러니 체력이 얼마나 중요한 것인지 알 수 있다.

나는 밤에는 잠을 충분히 자야 건강에 좋다는 입장이다. 낮에 열심히 공부와 일을 하고 밤에는 편안하게 휴식을 취하는 것이 정상적이다. 가급적이면 낮에 태양의 밝은 빛과 아름답게 보이는 모든 사물을 만끽하면서 일과 공부를 해야 한다.

하나님께서 무상으로 선물하시는 태양 빛과 볕에서 나오는 에너지를 받을 필요가 있기 때문이다. 천지를 창조하신 하나님께서 낮과 밤을 구분하셔서 만드신 까닭이기도 하다. 건강한 몸과 체력을 바탕으로 멋진 생각과 훌륭한 일을 할 수 있다고 여긴다.

취미가 중요한 것은 좋아하는 일을 하면 기쁨을 느끼고 행복해지기 때문이다. 자신만의 세계에 몰입해 집중하는 것은 지나치지 않은 범위에서 정신건강에도 좋다.

한국인들은 취미생활이 몇 가지로 제한돼 있고 그나마 즐기는 경우가 많지 않다. 일만 열심히 해서 일이 취미인 사람이 정년이 되어 회사를 그만두면 마음이 허탈해지고 할 일이 없어 집에만 틀어박혀 있는 경우가 많다. 그러다 보니 마음에 공허감이 오고 금방 늙어버리는 경우를 보아왔다.

미국은 퇴직해도 집에만 있는 노인은 별로 없다. 대부분 자신이 그동안 해오던 취미생활을 더 열심히 하고 또 남는 시간은 자원봉사로 의미 있게 보내고 있다. 우리 한국도 이런 문화가 빨리 정착돼 은퇴자들이 좀 더 행복하게 지냈으면 좋겠다.

요즘은 인간이 태어나 30년씩 3주기를 보내게 된다고들 말한다. 30년간 교육받고, 30년간 일하고, 30년간 노후를 보낸다는 것이다. 이 노후를 보내는 기간이 엄청나게 길어진 만큼 자신의 남은 삶에 대해 설계를 잘할 필요가 있다. 건강한 삶을 위한 운동과 폭넓은 취미생활을 통해 우리의 인생이 더욱 풍요로워지길 희망한다.

단지 GNP가 높아진 것만으로 선진국으로 진입했다고 결코 말할 수 없다. 경제적으로도 잘 사는 나라를 만들고, 각자가 보람되고 행복한 삶을 유지해야 진정한 선진국이 된다. 건강한 정신과 육체를 가꾸어 나가기 위해서는 각자가 노력하고 실천하는 것이 최선이다.

'건강한 정신은 건강한 몸에서 나온다.'라는 격언은 만고불변(萬古不變)의 진리다.

# 마구간 청소하며 익힌 승마

마구간을 청소하고 시간을 내어 말 드로잉을 하면서
말과 아주 친밀해지는 것을 느낄 수 있었다.

미국 유학은 결국 나 자신과의 싸움이었다. 한국에서 기업체 사장을
하며 나이에 맞지 않게 많은 것을 누리다가 공부에 몰입하는 것은 사
실 쉬운 일이 아니었다.

오랜 시간 동안 나태함과 두려움의 싸움에서 이겨야만 했다. 조금
이라도 방심해 공부가 흐트러지면 나는 나이가 있기에 더는 물러설 곳
이 없었다. 항상 팽팽한 긴장감을 유지하며 캠퍼스 생활을 했다. 따라서
육체적 정신적으로 무척 강해져야만 한다는 생각을 하고 있었다.

이때마다 1주일에 한 번 정도 승마장을 찾아 말을 타며 긴장을 풀고
몸도 단련했다. 미국에서는 흔히 '얼리 버드(Early Bird)'라는 말을 자주
사용한다. 즉, 이른 아침에 부지런히 서두르면 이익을 얻는 경우가 많다
는 말이다. 손님이 별로 없는 이때 대부분 가격을 저렴하게 책정해 주는

것으로 시간이 있는 사람에겐 매우 유리하다. 특히 주차장, 혹은 공공장소 사용이 그러하고, 승마장도 예외가 아니었다.

나는 한국에 있을 때 꼭 해보고 싶은 것 중에 하나가 바로 승마(乘馬)였다. 영화를 무척 좋아했는데 이 중에서도 총잡이들이 나오는 서부영화를 가장 좋아했다. 클린트 이스트우드, 존 웨인 등의 배우들이 나오는 미국 개척시대 영화를 보면서 내가 꼭 다짐한 것이 있다.

'나는 커서 꼭 말 타는 법을 배우리라. 저 총잡이들처럼 멋있게 말을 타고 달려보리라.'

그러나 한국에서 승마를 배울 수 있는 상황도 되지 못했고 승마 인구도 거의 없었기에 도전할 수도 없었다. 그런데 미국에 와서 갑자기 동네에 승마학원이 있다는 광고를 보고 마음이 동하기 시작했다.

이른 아침에 배우면 레슨비도 쌌다. 학교수업에도 크게 지장을 주지 않았다. 나는 승마학원에 가서 기웃거리다 큰 결심을 하고 30분 정도 승마를 배우기로 등록했다. 가격이 50%나 쌌다.

처음 2개월은 수업료를 냈으나 가난한 유학생 처지에 계속 돈을 내고 말을 타기 힘들어 머뭇거렸다. 마침 약 3개월째 되는 달에는 내가 학원 주인의 눈에 들었고 처지를 알았는지 마구간 청소부로 일할 의향이 있는지를 조심스럽게 물어왔다. 하루에 약 2시간 정도 청소하면 공짜로 말을 타게 해주겠다는 제의였다.

사실 승마를 배우려면 비싼 장비 구입비가 많이 든다. 헬멧, 장화 등 구입해야 하는데 나는 학원에 있던 것을 그냥 빌려서 썼다. 장화 대신 운동화를 신기도 했다.

나는 평소보다 2시간 이상을 일찍 일어나 승마학원으로 달려갔고 신나게 청소를 한 뒤 마음껏 말을 타고 벌판을 달렸다. 처음엔 말과 말 주변의 특유한 냄새를 싫어했는데 마구간을 청소하고 시간을 내어 말 드로잉을 하면서 말과 아주 친밀해지는 것을 느낄 수 있었다. 어느덧 말똥 냄새가 향긋하게 좋은 냄새로 변해 있었다.

또 말들이 얼마나 사랑스러운지 내가 먼 곳에서 걸어오면 벌써 내가 타는 말은 금방 나를 알아보고 으흐흥 큰 소리를 내며 반겨주었다. 말은 유별나게 예민한 동물이다. 그리고 아주 변덕이 심하다. 초보자가 승마를 했을 때 금방 구별하는 영리한 동물이고 우람한 체구에 비해서 겁도 무척 많다. 잘 달리다가 참새들의 지저귐에도 깜짝 놀라 갑자기 온몸을 심하게 뒤흔드는 바람에 경험 많은 승마 선수도 낙마하는 경우를 볼 수 있다. 승마학원의 노련한 승마 코치들도 낙마로 부상을 입고 깁스를 하는 일들이 종종 있다.

나도 승마를 배운 지 약 4개월이 지난 후 승마에 어느 정도 자신이 생겨서 어느 날 장외에서 신 나게 장애물을 넘다가 낙마를 했다. 손목이 부러져서 3개월이나 수영을 하지 못했다. 그래도 승마는 정신건강과 육체건강에 무게와 중심을 부여해 주는 훌륭한 운동이라고 생각하는 데는 변함이 없다.

활동적이던 나는 이때 팔을 다치는 바람에 집에서 주로 많은 시간을 보냈다. 그러자 아내와 아이들이 여간 좋아하지 않았다. 그동안 내가 집에 무심했던 것을 반성하며 대화의 시간을 많이 가졌던 기억이 난다.

한 가지 기억나는 일이 있다. 2003년경이었다. 벽화 프로젝트를 맡아 일하긴 해도 수입이 너무 적어 살림이 힘들 정도였다. 내가 너무 힘들다고 하소연을 했더니 청소 용역을 하는 교회 집사님 한 분이 빌딩 청소를 해보겠느냐고 제의해 왔다. 시간당 인건비가 높은 편이어서 하겠다고 말해 이른바 투 잡(two job)을 뛰게 되었다.

당시 벽화를 그릴 때라 일과를 마치고 6시경에 그분 용역회사로 가서 청소복으로 갈아입었다. 빌딩 한 곳을 서너 명이서 청소를 시작하면 보통 새벽 1시에 일이 끝났다. 참으로 고되고 힘들었다. 막힌 변기가 있으면 손으로라도 뚫어 놓아야 했다. 그래도 웃음을 잃지 않고 항상 긍정적으로 행동하려고 노력했다.

모두가 쉬는 토요일은 아침부터 일하러 나갔다. 나는 아이들에게 차마 청소하러 간다고 말하지 못하고 도서관 간다며 집을 나섰다. 그런데 하루는 아이들도 도서관 가겠다며 따라나서는 것이 아닌가. 나는 아이들을 강제로 떼어 놓으려 하다가 그냥 데리고 나왔다.

도서관이 아니라 웬 건물 앞에 자신들을 데려간 아이들은 어리둥절한 표정이었다. 나는 솔직히 아이들에게 이야기했다.

"아버지가 그동안 너희에게 거짓말해서 미안하다. 아버지는 우리 집안을 위해 지금 청소하고 있단다. 이것은 잠시 하는 일이고 앞으로 아빠는 교수가 되어 너희가 불편 없이 공부하고 잘 살 수 있도록 해 줄 거란다."

아이들의 눈에 눈물이 글썽글썽했다. 나는 이것이 산 교육이었다고 생각한다. 아이들도 알 것은 알아야 한다. 그래서 서로 격려하며 힘을 북돋워 줄 수 있는 것이야말로 가족이란 공동체가 갖는 큰 힘이 아닐까 싶다.

'뜻이 있는 곳에 길이 있다.' 이 말은 나의 미국 유학생활에서 다시 한 번 확인할 수 있었던 명언 중의 명언이다.

# 아름다운 기부문화

세상은 내가 받은 혜택을 또 다른 이에게 조건 없이 전해줌으로
아름답게 흘러간다.

필라델피아에 위치한 모교 펜실베니아대학과 뉴욕의 컬럼비아대학
은 캠퍼스가 매우 고풍스러우면서도 아름답다. 오래되고 울창한 나무
들 사이로 역사 깊은 석조건물과 책과 영화에서 볼 수 있는 육중하고
운치 있는 건물들로 캠퍼스가 온통 둘러싸여 있다.

학교 안을 둘러보면 이곳 조그마한 의자 하나하나에 졸업생들의 이
름과 졸업연도가 깨알같이 적혀 있다. 당연히 건물 머릿돌에도 이런 글
들을 쉽게 발견할 수 있다. 대부분 학교 건물이나 학교에서 사용하는
기물들이 기부(donation)를 통해 지어지고 제작된 것임을 표시하고 있
다.

학교 측에서는 아무리 작은 것 하나도 소홀함 없이 기증자들을 존
중해 수십 년이 지나더라도 길이길이 보존해 준다. 이것이 학교의 역사

이자 전통이기 때문이다. 혹 학교에 새 도로가 필요하더라도 옛 길을 쉽게 없애지 않고 그대로 보존하는 가운데 다시 도로를 넓히는 식이다. 비록 조그마한 벤치일지라도 그대로 두고 길을 빙 둘러 계획을 하고 길을 만든다.

한번은 학교 안에서 아주 나이 든 노부부가 어느 벤치에 앉아 웃으면서 사진도 찍고 커피를 마시는 것을 본 적이 있다. 나는 옆에서 보다가 그들의 모습이 너무나 보기 좋고 사랑스러워 즉석에서 드로잉을 시작했다.

그런데 그 노부부는 나를 보더니 '학교 교수시냐?'고 물었다. 내가 웃으면서 '학생입니다.'라고 대답했더니 그들이 내 쪽 벤치로 걸어와 드로잉을 보고는 무척 기뻐했다.

그리고 나에게 '이 그림을 팔 수 없느냐?'고 했다. 이유인즉 그 노부부들은 이 펜실베니아대학 1951년 졸업생들이었다. 지금 앉아있는 벤치를 자기네가 기부금을 내어 만들었다고 하면서 나무에 새겨진 기증자 이름을 조각한 것을 내게 보라며 자랑했다.

의자 밑을 자세히 보니 벌레들이 다 갉아먹어 희미하게 글자가 보이긴 하지만 그들이 말하는 이름인지는 잘 구별할 수 없었으나, 수십 년이 지난 후에도 그들 노부부의 모교 캠퍼스 사랑을 나누는 자체가 아름다움을 넘어 거룩하게 보였다.

나는 정성스럽게 그린 드로잉을 그들에게 추억의 선물로 주었다. 너무나 감사해 하던 노부부는 아마 이 그림을 액자에 잘 넣어 집안에 걸어 놓았을 것이라 여겨진다.

펜실베니아대학에 다니며 또 한 가지 잊지 못할 것이 있다. 이곳 카페테리아에서 먹었던 맛있는 식사다. 보통 대학교 구내 음식 하면 그저 일반적이고 밋밋한 것 일색인데 펜실베니아대학 식당(카페테리아)은 그 규모나 분위기가 일류 호텔 이상으로 멋지고 메뉴도 다양했다.

재학생이 7~8불 정도의 식사 쿠폰을 끊으면 보통 음식점에서 먹을 수 있는 30불~40불 수준의 음식이 나왔다. 스테이크는 물론 바닷가재(랍스터)와 각종 스파게티 등 수많은 메뉴를 선택할 수 있었고 신선한 샐러드나 과일, 빵 등은 무제한으로 먹을 수 있었다. 나도 세계 각국 유명한 호텔들을 많이 다녀서 먹는 것에 관해서 만큼은 둘째가라면 서러워할 미식가이다. 그런데 이 대학 음식은 그 어느 호텔과 견주어도 결코 뒤떨어지지 않을 정도였다.

나는 카페테리아의 다양한 식단을 보고 어떻게 이렇게 학교가 밑지는 장사를 하는지 의아했었다. 나중에야 그 비밀을 알았다. 펜실베니아대학 한 졸업생이 학교에 다닐 때 너무나 가난해 맛없는 기숙사 식사 쿠폰조차 살 수 없어 배를 곯았다고 한다. 여기에 한이 맺혀 있었던 그는 자신이 성공해 갑부가 된 후 모교에 수천만 불의 기부를 하며 한 가지 조건을 내걸었다.

"이 기부금은 재학생들이 먹는 학교 식당의 음식에만 투자해 주시오. 그리고 적은 비용으로 잘 먹을 수 있도록 해 주시오."

그 덕분에 내가 양질의 고급 식사를 저렴하게 할 수 있었던 것이다. 이것도 미국 기부문화의 한 단면이 보여주는 좋은 사례라 할 수 있다.

미국의 대학 주변은 쉽게 변하지 않는다. 몇십 년 후에 가 보아도 예전 모습을 그대로 간직하고 있다. 반면에 요즘 한국 대학과 주변을 살펴보면 커피숍과 술집, 음식점들이 많고 향락의 집결지로 자꾸 발달하는 것 같아 안타깝다.

몇 년 전 나는 한국 방문에서 모교를 찾아간 적이 있다. 수많은 추억이 담긴 내가 다녔던 대학 건물은 온데간데없어져 버리고 새로운 건물들이 엄청나게 세워져 있는 것을 보았다.

대학은 진정한 교육을 나누는 학문의 전당이다. 대학에서의 진정한 교육은 이 세상을 바꾸는 위대한 인재들을 배출해 낸다. 그러기 위해선 교수도 중요하지만 학교 건물도 참으로 중요한 역할을 한다. 내가 대학입학 고려 조건 1호를 학교 도서관 시설과 분위기로 잡았던 것도 다 그런 이유에서 출발한다.

즉 학교가 지향하는, 그야말로 예술적인 처음에 세워진 건물들도 중요하지만 학교발전에는 학교 주변도 이에 못지않게 중요하다. 미국 내 유명한 대학 주변의 식당이나 가게들은 50년, 80년, 100년째 그대로 변하지 않고 내려오는 곳이 많다.

유명한 식당들은 실내 분위기는 물론이고 접시 하나도 그대로 변하지 않았고 음식 맛도 100년 전통을 그대로 살린 식당도 많다. 특히 우체국이나 동네 도서관은 그야말로 최고로 좋은 건물과 시설로 되어 있다.

주민들을 위한 공공시설은 대부분 자원봉사자들로 구성된다. 자원봉사자들은 항상 얼굴에 웃음을 잃지 않고 일 자체를 즐기면서 자랑스럽게 봉사한다.

공공장소 어디에서나 아무리 줄이 길게 서 있고 시간이 엄청나게 걸려도 어느 누구도 불평하지 않고 자기 순서를 조용히 기다린다.

물론 미국이라고 완벽한 사회는 아니다. 범죄가 많고 종종 총기사고가 일어난다. 그러나 이 속에서 자리 잡은 기독교문화, 나눔문화, 배려 문화, 봉사문화는 우리 한국이 꼭 좀 가져왔으면 한다.

한국도 기부문화가 예전보다 많이 늘어난 것으로 안다. 그러나 이 기부가 하나의 삶의 패턴으로 정착된 미국에 비하면 좀 더 분발해야 한다고 본다. 나 역시 미국생활을 하면서 내 것을 나누어 주며 베푸는데 인색하지 않게 되었다.

내가 가진 것을 과감히 나누고 또 섬기며 도와줄 수 있는 것, 이것은 바로 예수님의 가르침이요 청교도 정신의 출발이다. 이 기부는 학교에도 많이 들어와야 한다. 그래서 새로운 인재를 양성하고 키워 나가는 데 힘이 되어 주어야 한다.

우리나라 반도체와 조선, 핸드폰이 세계정상을 누비고 있는 것은 결국 기술력 때문이다. 이 기술력을 양산하고 보호하기 위해서는 그만큼 더 가진 자가 인류를 위해 조건 없이 기부를 해야 한다.

나 역시 기회만 되면 많이 나누고 싶다. 세상은 내가 받은 혜택을 또 다른 이에게 조건 없이 전해줌으로 아름답게 흘러간다.

# 미국 교육에서 배우다

미국 내부로 들어가 보니 학부모들의 자녀 학업에 대한 열기가 굉장했다.
한국 학교 분위기와는 많이 달랐다.

한국이나 미국이나 자녀 교육은 부모로서 당연히 관심과 정성을 기울여야 할 부분이다. 내 경우는 사실 오랜 기간 한국에서는 사업한답시고 자녀들에게 소홀했고 미국에 먼저 온 2년간은 내 공부를 하느라 전혀 신경을 못 썼다. 그 때문에 1남 1녀인 우리 아이들의 교육은 아내가 거의 도맡아 왔다. 내가 항상 미안하게 여기는 부분이다.

이제 우리 아이들의 경우를 살펴보며 미국 교육 사례를 소개하고자 한다.

내가 미국에 온 지 2년이 지난 1998년 여름, 아내와 자녀들이 뒤따라 미국으로 들어오게 되었다. 비자를 받느라 아주 힘이 들었는데 이때 패션디자이너 앙드레 김 선생님의 도움을 받은 이야기는 앞에서 소개했다.

난 미국에 도착한 두 자녀를 새 학기가 시작되는 9월부터 학교를 보

내기 위해 교육청(School District)을 찾아가 서둘러 입학준비를 했다.

그리고 아이들이 낯선 환경에서 미국사람들과 자주 접하는 것이 새로 시작하는 학교생활에 적응하는 데 도움이 될 것 같아 도착 직후부터 동네 도서관과 실외 수영장을 거의 매일 가도록 신경썼다. 물론 데려갔다 다시 데려오는 일은 대부분 아내가 맡아 주었지만 말이다.

이 무렵 여름방학 때에도 나는 가까운 뉴저지 주립대학과 뉴욕 대학, 좀 멀리 떨어진 로드아일랜드에 있는 RISD(Rhode Island School of Design) 등의 학교를 쫓아다니며 여름 학기 강좌를 들었다. 그야말로 숨 돌릴 틈도 없이 부지런히 수업을 받은 것은 학점을 빨리 따려는 욕심 때문이었다.

이 와중에도 주말은 꼭 가족과 함께 시간을 보냈다. 미국 대부분의 가정은 주말이면 온 가족이 함께 모여 즐겁게 지낸다. 그래서인지 부모와 자녀들과의 소통이 항상 자연스럽고, 대체로 원만한 생활을 하는 편이다. 가족끼리 대화가 많지 않으면 문제들이 많이 발생하는 것 같다. 가족이 모여 각자의 생각과 의견을 내놓고 토론하고 격려해주는 문화는 아주 중요한 것이라 생각한다.

아이들을 데리고 실외 수영장에 가 보면 어린아이부터 할아버지, 할머니까지 온 가족들이 모여 물놀이를 즐기고 있었다. 우리도 자주 이곳에 가다 보니 자연스럽게 만나는 사람들과 인사를 나누게 되고, 따라서 점점 미국생활에 익숙해지는 느낌이 들었다.

동네 도서관에는 다양한 종류의 책은 물론 카세트테이프(cassette tape), VCR(비디오테이프)이 있었다. 나는 초급에 속하는 책과 노래가 녹음된 테이프를 빌려다 아이들에게 반복해 들려주고, 재미있는 만화 비디오테이프도 빌려와 자주 보여주곤 했다. 영어를 빨리 습득시켜 적응력을 높여주기 위한 학습법이었다.

이렇게 두 자녀가 도서관과 수영장을 매일 다니다시피 한 바쁜 한 달이 금방 지나가고, 본격적인 학교생활이 시작됐다. 당시 아들은 한국에서 서울 경복초등학교 6학년 때 미국으로 오게 되었고, 딸은 유치원을 막 마친 상태였다. 따라서 딸은 초등학교 1학년에, 아들은 초등학교 6학년에 편입을 시켰다.

아침 7시 30분에 집 앞에 서 있으면, 노란 스쿨버스가 와서 애들을 싣고 학교로 떠났다. 노란 스쿨버스에 사람의 귀처럼 양쪽에 달린 빨간 팔각형의 STOP 사인(sign) 판이 양쪽으로 활짝 펼쳐진다. 스쿨버스가 정지할 때에는 주위에 오가는 모든 차들도 일시에 정지해야 했다. 아무리 급한 차들이라도 곧바로 멈추곤 했다. 학생들을 보호하기 위해 제정된 엄격한 교통법규였다.

학교 등·하교 시간에 학교지역(School Zone)에서는 시속 15마일로 차들이 서행해야 한다. 마치 거북이걸음을 하다시피 차들이 아주 천천히 지나간다. 경찰들이 엄하게 단속을 하기 때문이기도 했다.

미국의 초·중·고 학생들은 이처럼 안팎으로 충분한 보호를 받으면서 학교생활을 한다. 우리 두 자녀도 이런 보호 속에서 서서히 성장하며 자라났다. 또한 미국은 학생들을 태우고 집으로 귀가를 시켜줄 때 부모가 맞아주지 못하면 그냥 학생을 학교로 데리고 가서 부모가 올 때까지 보호해준다. 대신 벌금을 학교 측에 내야 한다. 물론 동네마다 조금씩 다른 법규가 있으나 대체로 미국은 어린 초등학생들만큼은 꽤 신경 쓰고 보호한다.

딸아이는 한국에서 한글도 제대로 못 깨우친 상태로 미국에 왔고, 더구나 영어는 전혀 배우지 못한 상황이었다. 그런 아이가 별 탈이 없이 스쿨버스를 타고 학교에 가서 수업을 마치고 돌아오고, 하루하루 지나면서 학교생활에 잘 적응하는 것이 참으로 기특하고 고마웠다.

학교에서는 매일 'journal(일기)'을 쓰는 숙제가 있었다. 영어를 쓸 줄 모르는 아이는 글 대신 스케치북에 그림을 그리고, 아는 단어를 몇 자 쓰는 것으로 숙제를 스스로 하게 해서 보냈다. 그러다 조금씩 말하고 쓰기 시작했다. 학교에서는 영어가 부족한 아이들을 위해 1 : 1로 선생님이 직접 가르치면서 부족한 부분을 보충시켜 주었다.

다행히도 딸아이가 다닌 학교는 교육세(School Tax)를 많이 내는 지역이라 그런지 시설도 좋았고, 아이들 한 명 한 명에 대해 깊은 관심과 많은 배려를 해주어 실력 향상이 매우 빨랐다.

미국 학교들에는 새 학기가 시작되어 첫 달이 지나갈 즈음 'BACK

TO SCHOOL NIGHT'라는 날이 있다. 학부모들과 교사들이 만나 서로 인사하고 한 해 동안 교사들이 학생들에게 가르치는 방향과 목표를 알려준다. 또 가정에서 자녀가 해야 할 과제나 행사들을 이야기하며 1년 동안 성공적인 학교생활을 할 수 있도록 오리엔테이션을 해준다.

따라서 이 모임에 학교나 교사, 학부모들이 신경을 많이 쓴다. 이날 학부모들은 일일이 메모도 하고, 손을 들고 궁금한 사항들을 치밀하게 질문하는 것을 보았다.

미국 내부로 들어가 보니 학부모들의 자녀 학업에 대한 열기가 굉장했다. 한국 학교 분위기와는 많이 달랐다. 교사들은 학생들에 대해 진지하고 직선적인 지적을 통해 학부모가 자녀를 잘 지도할 수 있도록 도움을 많이 주었다. 방과 후 프로그램도 좀 더 정확하게 논의해 결정하게 해 주었다.

방과 후 수업은 외국 학생들이나 학업이 떨어지는 학생들에게 학교에서 특별히 배려해주는 보충학습 프로그램이다. 한국 교육도 좀 더 현실적이고 실질적인 교육 방식으로 바뀌었으면 하는 생각이 든다.

일반 다른 학습에 많이 뒤지더라도 학생들이 제각기 지니고 있는 장점들을 키워주며 자신감을 갖게 하는 교육이 미국 교육에서 본받을 만한 점이다. 무엇보다 희망을 제시하며 꿈을 키워주는 교사들이 많아 아이들이 학교에 가기 싫어하는 경우가 거의 없다.

우리는 자녀들이 매 주일에는 교회에 출석, 예배를 드리는 신앙생활을 열심히 하도록 했다. 신앙도 교육에 아주 중요한 영향을 미친다고 여긴다. 신앙이 삶을 안정되게 하고 비전을 확고히 만드는 동기부여가 되기 때문이다.

우리 부부는 아이들이 학생 신앙운동(SFC)을 활발히 하면서 리더십도 키워나가는 것 같아 하나님께 감사했다. 이를 위해 아내가 항상 자녀를 위해 기도해 왔고 뒷바라지도 아끼지 않았다.

　　결론적으로 두 자녀는 미국생활에 잘 적응했고 빠르게 성장을 할 수 있었다. 그리고 집에서는 반드시 한국말을 사용하게 했다. 영어에 익숙해지다 보면 한국말을 더듬거리는 한국인을 많이 보는데 이는 정말 아니라고 생각한다. 한국인으로서 모국어를 못한다는 것은 창피한 일이 아닐 수 없다. 때문에 이중언어생활을 원만하게 지속하는 습관에 무난하게 잘 적응할 수 있었던 것 같다. 딸은 중학교 때 미국부시대통령상을 받았고 줄곧 반에서 우등으로 공부를 잘해주었다.

　　2012년 5월에 아들은 대학원을 졸업하고, 사회생활을 시작했다. IBS라는 미국회사에서 국제담당 이사로 일을 한다. 제법 높은 직위를 갖고 일을 할 수 있었던 이유는 아들이 고등학교 때부터 이 회사에 아르바이트를 시작해서 대학생활, 그리고 대학원 졸업할 때까지 임시직으로 일을 해왔기 때문에 가능한 일이었다.

　　딸은 대학을 3년 만에 3과목의 전공을 취득하고 졸업해서 시애틀의 로스쿨(JD program)에서 공부하면서 워싱턴 주 올림피아 국회에서 상원의원 비서관으로 일하고 있다. 올해 21세인 딸은 미연방 여성대법관이 되어서 소수민족들을 위해서 일하고 싶다고 한다.

　　아버지가 제대로 돌봐주지 못한 가운데에서도 두 자녀가 열심히 공부하여 훌륭하게 성장해 주었고, 미국 학생들의 잘못된 문화에 휩쓸리지 않고 바르게 잘 적응해주어 늘 고마운 생각이 든다.

　　그 무엇보다 오랜 기간 온갖 정성으로 자녀들을 뒷바라지하며 수고

한 아내에 대해 감사하다. 미국생활은 서로가 바쁘고 온 식구들이 함께 모이는 날은 1년에 그렇게 많지 않다. 그러나 아내는 자녀들과 전화할 때면 늘 기도해주었고 애들도 시험이나 어려울 때면 전화해 기도를 요청하곤 했다.

자녀 교육은 사랑과 관심, 그리고 대화를 바탕으로 섬겨주어야 한다. 섬김이란 아랫사람이 웃어른을 섬기는 것이 보통이나 부모도 자식들을 사랑으로 섬겨야만 그들이 진정으로 부모를 섬긴다고 생각한다.

자식은 부모의 부속물이 아니다. 하나님이 주신 귀한 선물을 사랑으로 보살피고 믿음의 자녀로 키워서 훌륭한 하나님의 일꾼으로 세우는 것이 부모의 책임과 역할이다. 자신의 인생이 아무리 성공했다고 큰소리쳐도 자식이 위축돼 있고 사회인으로 바른 역할을 하지 못한다면 이는 반쪽 성공이다.

나는 아버지로 많이 부족했지만 잘 커 준 아이들에게 감사하며 남은 시간만큼은 정말 아이들에게 멋진 아버지로 기억되도록 노력하려고 다짐하고 있다.

미국의 각종 학교를 크게 두 가지로 나누면 사립학교와 공립학교가 있다. 이는 한국도 마찬가지다. 물론 특별한 사립학교도 있고, 공립학교와 합해진 형태의 사립학교도 있다.

한국에서는 사립학교가 대체로 시설이나 환경이 공립학교보다도 좋은 편이다. 그러나 미국은 다르다. 생활환경이 좋은 동네들, 특히 세금을 많이 내는 곳에 위치한 초등학교, 중·고교는 여러 시설이 좋고, 교육 내용 면에서도 훌륭하다. 미국에 사는 한국 부모들이 학군이 좋은 곳으로 이사 가려는 이유가 바로 여기에 있다. 한국도 학군이 좋은 강

남으로 사람들이 몰리고 집값도 비싼 이유와 다르지 않다.

우리 가족은 아름다운 뉴저지에서 편안하게 잘 지내다가 1999년 내가 필라델피아에 위치한 펜실베니아대학에서 석사 공부를 하게 되어 온 가족이 갑자기 이사했다.

유학생들은 거의 누구나가 겪는 일이지만 어려운 환경 속에서도 지혜롭게 난관을 헤쳐나가야만 했다. 필라델피아 동쪽에 우선 조그마한 아파트를 렌트하고, 자녀들은 또다시 학교 전학 절차를 밟았다. 아이들에겐 좀 미안했다. 이제 막 자리를 잡으려하는데 또 분위기가 다른 학교로 옮겼으니 말이다.

필라델피아는 학군이 뉴저지보다 학업 수준이나 형편이 크게 떨어지는 것을 확연히 느낄 수 있었다. 학군의 중요성이 새삼스럽게 느껴졌다. 그런데도 자녀들은 한번 경험을 해서인지 그런대로 잘 적응을 하는 것 같았다.

우리는 고심 끝에 이 지역을 될수록 빨리 떠나는 것이 좋겠다고 결심을 하고 새벽기도를 다니면서 하나님께 매달렸다. 그 이후 우리 가족은 결국 이사를 다시 해 한 번 더 학교를 옮길 수 있었다. 딸은 중학교, 아들은 고등학교 때 다시 전학했다. 예상대로 전학 온 후 아이들은 학교 측의 많은 도움을 받고 좋은 친구들도 많이 만나 신바람 나는 학교생활을 하게 되었다. 교육환경의 중요성을 다시 한 번 확인하는 순간이었다.

미국 학교에서는 꼭 한 가지씩 운동을 익히게 한다. 딸은 소프트볼 선수로, 아들은 미식축구 선수로 활동하면서 서서히 미국식 교육에 적응했다.

친구들과의 생일파티에도 적극적으로 참여하면서 좋은 친구들을 많이 사귀었다. 미국에서는 친구들의 집에서 잠을 자는 슬립 오버(Sleep Over) 프로그램이 있다. 주말에 친구 집에 가서 자면서 서로 돕고 함께 숙제도 하면서 사회성을 기르는 프로그램이다. 좋은 우정을 만드는데 아주 좋다고 여겨진다.

아들도 점점 학업성적이 올라가고, 무슨 일이든지 적극적으로 하고 성격도 열정적으로 변화되었다. 딸도 자기의 꿈을 그리면서 슬기롭게 성장하게 되었다. 슬럼프를 잘 극복하게 만들어 주는 것이 중요한데 이 부분을 교사들이 잘 챙겨주는 것 같았다.

미국에서도 의대, 법대는 한국과 마찬가지로 무척 어려운 공부를 지속적으로 해야만 입학할 수 있다. 미국은 한국과는 달리 학부 때 의과대나 법대를 지망하는 것이 아니라 정규 대학을 마치고 나서 선택한다. 이과대학 과정을 공부했으면 의과대학, 그리고 인문대학 과정을 공부했으면 법과대학 진학이 가능하다.

미국은 본인이 원하면 언제든지 전과를 할 수 있다. 가령 의과대를 다니다 예술학과 쪽으로 전과를 할 수 있다. 본인들의 선택이지만, 학교 교수들의 역할도 크다. 언제든지 그러한 선택의 문이 활짝 열려 있어 학문을 탐구할 수 있다.

그리고 풀타임(Full Time)과 파트타임(Part Time)제도가 있어 학교에서 공부하면서 틈틈이 일할 수도 있다. 그래서 많은 학생들이 파트 타임 아르바이트를 하면서 졸업을 한다. 방학을 이용해서도 공부할 수 있는 많은 프로그램이 별도로 마련되어 있다.

딸은 봄방학을 이용해 남미나 유럽에서 실질적인 일들, 즉 국제법 실무 학습에 나섰다. 여러 나라를 직접 찾아가 그곳 나라의 법관들이나 변호사들과 함께 일했다. 이것은 훗날 대학원에 입학할 때, 이력서 작성의 스펙에 큰 보탬이 된다.

미국에서는 공부만 잘해서는 좋은 대학교, 좋은 대학원에 입학하기란 거의 불가능하다. 봉사활동 실적, 그리고 자기의 취미활동이 반드시 있어야 본인이 바라는 학교에 입학할 수 있다. 한국처럼 공부만 1등 한다고 해서 원하는 명문 대학에 입학하기가 어렵다. 학생들의 자질과 능력, 그리고 끝까지 인내심을 가지고 공부를 할 수 있는지를 냉철하게 평가한다. 그래서 입학 전보다도 학교에 입학해서 어떻게 공부할 것인지가 매우 중요한 선발 기준이 된다. 졸업 후에 사회에 어떤 영향을 줄 수 있는가 인성 문제도 체크를 한다. 또 교사들의 추천서도 아주 중요한데 이것이 학생을 평가하는 보증 수표가 되기도 한다.

예술대학에서는 한국처럼 날짜를 잡아 학교에서 준비한 정물이나 석고 데생(Dessin)을 하는 것이 아니라, 평소 학생이 준비한 포트폴리오와 각 학교에서 요구하는 자료들을 제출하고, 때에 따라 각 학교에서 치르는 시험이나 기타 테스트 등을 준비하면 된다. 개별적 인터뷰를 하는 학교도 있고 그렇지 않은 학교도 있다.

일반 대학원 입학에는 개별 인터뷰가 필수적으로 있다. 학교에서 먼 곳에 거주하는 경우에는 전화로 인터뷰하기도 하고, 학생 근처에 거주하는 동문을 통해 인터뷰를 하기도 한다. 학교에서는 인터뷰한 그 동창의 말을 듣고 평가를 하기도 해 재미있다는 생각을 했다. 개별 인터뷰에서 주로 하는 질문은 일반적인 예상 질문이다. 보통 왜 그 전공과목을 선택했는지를 묻는다. 또 어떤 꿈을 가졌는지도 묻는다.

학생들은 졸업 후에 나름대로 성공하면, 반드시 모교에 찾아가서 작고 크고 간에 기부한다. 학교 재학 시절에 학교로부터 다양한 혜택을 받았기 때문에 그에 대한 보답을 하는 것이다. 감사를 표현하는 것이 생활화되었기에 후배들을 위해 도움을 주는 것이다. 특히 유태인들은 기부를 많이 하는 것으로 유명하다.

미국이 가진 이런 교육 문화의 장점들을 한국이 잘 참고해 더욱 발전시켰으면 하는 바람이다. 나 역시 미국에서 오랫동안 교육을 받았고 또 현재 교육자로 있기에 교육이야말로 나라와 시대를 이끌어 가는 원동력이 된다는 사실에 절절히 공감한다.

이제 시간이 나면 교육에 대한 한국과 미국 교육의 장단점을 분석하고 방향을 제시하는 전문적인 교육서를 한 권 쓰려고 오래전부터 준비하고 있다. 때가 되면 분명 멋진 책으로 나오게 될 것이라 믿는다.

결국 자녀 교육은 부모와 자녀들이 함께 이루어 나가는 것이라 여긴다. 그런데 여기에서 아주 중요한 사실이 하나 더 있다. 그것은 자녀를 위한 부모의 기도다. 지나친 비약이라고 할지 모르지만 자녀를 위해 부모가 흘린 기도의 양만큼 자녀가 바로 서고 성장한다는 생각이 든다.

성경 말씀대로 자녀를 결코 노엽게 하지 말고 사랑으로 품고 격려와 칭찬, 인내로 키워야 한다. 하나님이 주신 각지의 사명을 이 땅에서 잘 완수하도록 도와주는 것이야말로 부모의 책임이 아닐 수 없다.

# 드로잉의 힘

나도 '드로잉(drawing)의 힘'은 '세계를 바꿀 수도 있는 힘'이라고
생각하며 학생들을 가르치고 있다.

내가 대학에서 학생들을 잘 가르칠 수 있는 것은 드로잉 실력 덕분
이다. 가르치는 과목 역시 드로잉을 기본으로 한 교육 과목들을 맡고
있다. 내 강의는 실기와 이론 과목이 다 있지만, 항상 학생들에게 스케
치북(Sketchbook)을 준비하라고 해서 드로잉(Drawing) 하는 것을 숙제
혹은 필수로 교육한다. 드로잉은 모든 예술에서 기본인 동시에 아주
중요한 요소를 차지하고 있기 때문이다.

미국 교육의 아버지인 존 듀이(John Dewey, 1859~1952)도 '드로잉은
예술교육에 꼭 필요한 것(Drawing is essential for Art Education)'이라고
언급했다.

나도 '드로잉(Drawing)의 힘'은 '세계를 바꿀 수도 있는 힘'이라고 생
각하며 학생들을 가르치고 있다.

나는 언제 어디에 가든 어떤 장소에 있든지 간에 항상 스케치북을 들고 다니면서 드로잉을 했다. 구도자가 묵상하듯 드로잉을 했다. 드로잉은 무한한 힘을 가진다. 난 미술지망생이든 아니든 개의치 말고 항상 드로잉을 하는 습관을 가지라고 주위에 권유하곤 한다. 어느 학문 어느 분야에서든 드로잉 능력은 절대적인 힘을 발휘할 수 있다고 보기 때문이다.

드로잉은 날마다 일어난 사건들, 그리고 중요한 것들을 메모하는 일기장의 역할을 대신해 준다. 내가 강의하는 스탁튼대학의 '비주얼 아트' 과목을 수강 신청한 학생들을 보면 아트 수업을 처음으로 신청한 학생들이 대부분이다. 그러다 보니 드로잉을 전혀 못 하는 학생들이 의외로 많다.

드로잉은 꼭 흰 종이에 연필로 그리는 것만이 드로잉이 아니다. 나는 첫 강의를 시작할 때 내가 마시고 있던 커피를 스케치북에 한 방울 떨어뜨리곤 한다. 누르스름한 커피는 종이 위에서 어떤 모양을 남기고 마른다. 난 커피가 남긴 흔적 가운데 모양을 따라 펜으로 선을 긋는다. 그리고 학생들에게 보여주며 큰 소리로 말한다.

"자! 여러분. 바로 이런 것도 드로잉에 포함됩니다."

드로잉은 예술의 여러 장르 속의 하나라 생각한다. '예술'이란 어떤 틀에 박힌 변하지 않는 한 개의 형태가 아니라 무한대로 변화되어 새로운 것을 창출시킬 수 있는 '변화무쌍한 것'이라고 정의해 주고 싶다.

나는 많은 아름다운 것들 중에서도 특히 드로잉의 묘미를 더 자랑하고 싶다. 드로잉 훈련은 묘사하는 능력뿐만 아니라, 사물과 인간의 내면까지도 꿰뚫어 볼 수 있는 '신비한 힘'을 키워주기 때문이다.

이처럼 날마다 조금씩 계속하며 점점 발전되어온 나의 드로잉 작업은 훗날 내가 대학에서 가르칠 수 있는 능력과 힘의 원동력을 만들어 주었다.

내가 가르치는 비주얼 아트 과목에서 드로잉 능력은 필수다. 이 드로잉이 뛰어나면 모든 사람들에게 인정을 받을 수 있는 장점이 있다.

누구든 쉽게 드로잉을 시작할 수 있다. 명작도 만들 수 있다. 드로잉은 수준 높은 기법과 엄청난 경험을 필요로 하지 않는다. 어떤 것이든 그냥 선을 멋대로 그어보면 된다. 아침에 일어나 화장실 거울에 비치는 칫솔을 든 여러분의 얼굴을 그려보길 바란다. 거울에 뜨거운 물을 뿌리면 김이 서리고 그 위에 손가락으로 그려보면 된다. 분명히 아름다운 형체가 나온다. 이것을 사진으로 담아보길 바란다. 아니면 또 다른 기법으로 드로잉을 해볼 수 있다. 이것이 훗날 나의 명작으로 남게 될 수 있다.

세계를 두루 여행 다니면서 유명 갤러리, 박물관에 전시된 명작들을 보면 우리의 일상생활에서 일어나는 평범한 소재들이 대부분이다. 아름다운 소재들은 특별한 곳에서도 볼 수 있지만 아주 흔하고 소박한 우리 주변 가까운 데에서 더 많이 찾아볼 수 있다.

여러분의 주위를 한번 둘러보길 바란다. 그리고 일단 선을 그어보라. 스케치북은 이러한 보석들을 담아두는 아주 '귀중한 광주리'라 여긴다.

뉴욕스튜디오스쿨에서 그림공부를 하던 시절이다. 그림 그리기를 마치고 뉴욕 역에서 뉴저지까지 오는 기차 안에서도 나는 끊임없이 드로잉을 했다. 그러다 내려야 할 목적지를 지나치는 일이 종종 일어났다.

이 기차는 한번 정류장을 지나쳐 가버리면 약 1시간이 지나서야 내려

야할 정거장에 다시 돌아왔다.

언젠가는 아예 내친김에 기차 종착역인 남쪽 끝 도버까지 가보았다. 남쪽으로 내려갈수록 너무나 아름다운 경치가 창밖으로 펼쳐졌다. 그때의 기억이 아직도 생생하다. 황금빛 저녁 황혼이 하늘을 점차 물들여 가고 있었다. 조금 전까지만 해도 맑고 푸르던 하늘이 오묘한 색채로 붉게 물들었을 때의 그 아름다운 모습은 하나님의 멋진 작품으로 감탄사가 절로 나왔다. 그 아름다움을 만끽하며 벅찬 감정을 억제할 수 없었다.

드로잉에 열중하다가 내릴 곳을 놓치는 경우가 자주 있는 것을 알게 된 기차 차장이 내가 목적지에 다다르기 전에 몇 번이고 다가와 귀띔을 해주는 친절을 보여 주었다.

난 어느새 이 열차의 유명 인물이 되어 있었다. 차장이나 기차 안의 출퇴근하는 사람들이 나를 알아보기 시작했다. 처음에는 신기하게 생각하다 1년이 지나고 2년이 지난 후에는 모두 가까운 친구가 되었다. 심지어 내가 타고 있는 기차 칸으로 찾아와 스스로 모델이 되어주겠다는 사람들도 생겨났다. 흑인, 백인 가릴 것 없이 자기 얼굴을 그려달라고 하는 사람들이 많았다.

이미 스케치북에 그려놓은 드로잉을 달라면서 5불이나 10불을 건네주기도 했다. 난 그림을 달라고 하면 아낌없이 주었다. 이렇게 번 돈으로 점심을 사 먹거나 용돈으로 요긴하게 썼다. 나중에는 기차 차장도 자신을 그려달라고 해 그려 주었더니 감사를 표시했다.

어느 날은 내가 타자 승객들이 모두 박수를 쳐 주는 것이 아닌가. 놀라서 사람들을 쳐다보니 대부분 내가 아는 사람들이어서 반가움에

박수를 친 것이 단체로 쳐주는 식이 된 것이다.

내가 가는 곳엔 반드시 따라가는 것 두 가지가 있다. 그것은 바로 스케치북과 펜이다. 우리가 흔히 하는 질문이 있다. 당신이 만약 무인도에 남게 되었을 때 가져갈 수 있는 것 몇 가지를 고른다면 무엇을 선택하겠느냐는 질문이다. 이것으로 심리테스트를 하기도 한다. 내게 이 질문을 던진다면 그 1순위는 더 말할 것도 없이 스케치북과 펜이 될 것이다.

## 뉴욕의 흑인 멋쟁이

이 드로잉은 현재 나의 변호사가 세계 유명 패스트푸드 회사와 상표등록을 논의하고 있는 상태다. 이 회사가 사용하는 머그컵 표면에 이 그림을 그대로 넣어 사용하는 협의가 구체적으로 진행되고 있다. 단번에 뉴욕의 이미지가 표현되는 이 그림은 뉴욕 거리에서 쉽게 볼 수 있는 흑인 남성을 그린 것이다. 비틀어지고 꼬여진 뉴욕의 유명 건물 사이를 잔뜩 멋을 내고 선글라스를 낀 채 담배 피우며 건들거리며 걸어가는 이 남자, 어떤 면에서 오늘 우리의 자화상이 아닐까.

## 스쿨버스 타는 남학생

내 그림 소재는 흑인이 많다. 아직도 소외되고 억눌린, 불만에 찬 표정을 읽을 수 있는 흑인들. 이들은 여전히 오바마가 흑인 최초의 대통령이 되었다는 놀라운 현실 속에서도 미국 사회의 주류가 되지 못하고 있다. 뉴욕의 한 거리에서 학생들이 스쿨버스를 타고 있고 맨해튼 브로드웨이에 있는 라디오 시티(Radio City)도 보인다. 오늘도 내일도 뉴욕엔 사람들로 넘쳐난다. 이 속에서도 일상은 이어지고 계속된다. 모자를 고쳐 쓰는 이 남학생은 지금 무슨 생각을 하고 있는 것일까?

### 뉴욕 양키스 팬

뉴욕 양키스 야구팀의 열혈팬인 한 흑인의 모습. 미국엔 야구에 열광하는 팬들이 참으로 많다. 특히 뉴요커들
은 자신들의 출신팀인 뉴욕 양키스 팀에 대한 애정과 관심이 남다르다. 일상 생활에서도 구단의 모자를 쓰는
것은 일반적이고 자신이 좋아하는 선수의 백념버와 이름을 단 야구 유니폼을 입고 생활하는 경우도 많다. 두
툼한 입술에 수염을 길렀던 장신의 이 흑인은 내가 그림을 그리는 내내 우쭐한 표정을 지으며 포즈를 바꾸지
않았다.

## 환경은 인생을 바꾼다

대마초를 피우고 있는 뉴욕의 거지. 구걸을 해서 대마초를 사피우는 나라가 미국이고 일부 주는 대마초를 합법화시켜 주었다. 같은 초등학교에서 공부한 두 어린이가 있었다. 이들이 공부할 때는 아무도 이들이 나중에 어떻게 될지 아무도 몰랐다. 그러나 30여년이 지난 후 두 어린이는 놀랍게 변해 있었다. 한 어린이는 뉴욕의 거리를 돌며 구걸하는 거지로, 다른 한 어린이는 미합중국의 대통령으로. 그들은 그동안 누구를 만났기에 이렇게 인생이 극명하게 바뀐 것일까?

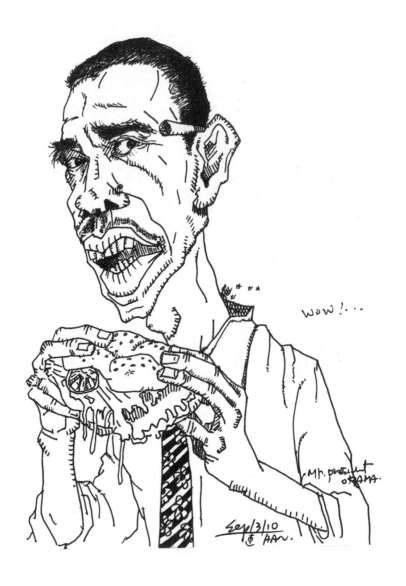

wow!...

Mr. president
ORAMA.

Sey/3/10
HAN.

## 치즈버거를 먹는 오바마

미국 오바마 대통령이 치즈버거를 먹고 있는 모습을 TV화면을 통해 본 뒤 이를 재빨리 드로잉 했다. 오바마는 시카고의 한 전문대학을 다니다 평소 존경하던 어느 목사의 권유로 뉴욕 컬럼비아대학으로 편입했다. 그는 이 컬럼비아대학에서 24시간 꺼지지 않는 불을 보며 자신의 앞날에 대해 더 진지하게 고민하게 되었고 다시 하버드대학 법대에 진학, 오늘에까지 이르게 되었노라고 고백했다. 우리의 삶은 끊임없이 도전하고 성취함으로 진정한 가치를 맛보게 된다.

## 드로잉에 세계를 담다

나는 움직이는 곳마다 드로잉을 한다. 난 드로잉의 위력을 안다. 단순히 모습만 포착해 옮기는 것이 드로잉이 아니다. 나의 생각과 염원과 느낌을 담을 수도 있고 철학과 수학, 건물 등 드로잉의 소재가 되지 못하는 것 이 하나도 없다. 인류의 발전은 이 작은 그림들에서 시작돼 점점 발전되고 완성돼 왔다. 이 조그만 스케치북에 세계를 담을 수 있다. 지금은 창조의 시대다. 모든 것이 변해야 한다. 그 변화의 시작에 상상력을 담아내는 드 로잉도 큰 몫을 한다.

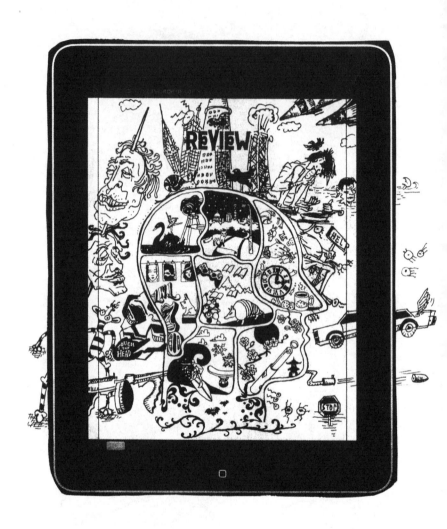

## 불퇴진의 개척정신

현대인들에게 없어서는 안될 삶의 일부분이 되어버린 핸드폰과 아이패드, 컴퓨터는 인간이 만들어낸 문명의 이기로 우리의 삶을 완전히 바꾸어 놓았다. 우리가 생각하고 연구하고 도전하면 새로운 세계가 우리를 맞는다. 이는 현실에 안주하면 도저히 얻을 수 없는 부분들이다. 우리는 늘 새로운 것을 개척하고 새로운 광원을 찾아나서야 한다. 우리 앞에 널려 있는 모든 것들을 하나하나 사랑하고 의미를 부여하며 섬기고 나눌 때 우리의 인생은 지금보다 훨씬 풍요로워진다.

# 새로운 세계를 여는 창의력

창의력은 다소 엉뚱한 것에서 출발하지만
그것이 구체적으로 실현되면 놀라운 열매를 맺는다.

기존의 것을 답습하고 만족하면 발전은 없다. 현재의 것에서 더욱 발전시키고 보완하고 계발하려는 의욕과 열정이 새로운 세계, 더 나은 문화를 만들어 낸다. 공부하는 학생들에게 창의력은 매우 중요한 부분이다.

그래서 내가 강의하는 과목을 듣는 대학생들이 '이 시대의 흐름에 따라 어떤 창조를 새롭게 해낼 수 있을 것인가'를 항상 고민하며 수업 준비를 한다. 그리고 이 화두(話頭)를 주제 삼아 자주 토론을 벌이는 편이다.

학생들에게 내가 생각했던 여러 아이디어를 막 던져 주기도 하고 그들이 원하는 필요한 정보를 많이 제시해 생각하게 한다.

이런 과정에서 내가 생각하는 부분들을 아예 과목으로 만들어 학생들을 가르쳐 보면 좋겠다는 생각이 들었다.

1996년 내가 처음 미국으로 건너온 초기 유학 시절에는 미국인 외에 해외 유학생이 한 강의에 보통 5% 정도였다. 20명이 수강하면 1명 정도가 외국인일 정도로 적었다. 그런데 시간이 흐를수록 외국 학생들의 수가 점점 늘어나기 시작했다.

그 수가 점점 증가해 이젠 20% 내지 30%의 비중으로 늘었다. 나도 외국 학생이었기에 외국 학생들에게 꼭 필요한 강의를 만들어야 한다는 생각을 했던 것이다. 이것은 컬럼비아대학원에서 배웠던 '다민족을 위한 예술교육' 과목의 영향이 컸다. 나는 이 과목을 다시 한 번 진지하고 깊이 있게 리서치 했다.

다른 문화권에서 온 학생들이 예술교육을 받는 데 있어 미국 문화권 중심으로 형성된 예술교육 커리큘럼으론 미진한 부분이 많다고 여겨졌기 때문이다.

나는 강의를 들었던 컬럼비아 교수들에게 도움을 받고, 논문 자료들을 검토하면서 몇 달 동안 강의 커리큘럼을 짜 보았다. 마침내 새로운 과목에 대한 구상이 거의 완성이 되어 이 강의안을 학교에 제출했다. 강의 교수들과의 미팅도 무난하게 잘 끝냈다.

내가 정한 이 강좌 이름은 '예술을 통한 미국 문화 경험(Exploring America's Culture)'으로 정했다. 그림으로 다민족 문화예술을 접한다는 의도였다. 보통 교수라면 '다민족 문화예술학 개론'이란 제목을 붙였을 것인데 다소 엉뚱한 이 주제에 문제를 제기하는 교수가 있기도 했다. 나는 이 새 과목을 최고의 인기 과목으로 만들 자신이 있었다. 또 지금 학교에서 가르쳐야 할 꼭 필요한 과목이라는 확신도 있었다.

미국에는 수많은 나라와 민족의 문화가 골고루 내포되어 있다. 제각기 민족과 출신 국가의 정체성을 가지고 이민생활을 하려고 노력한다. 언어가 다르고 얼굴 색깔도 다르고 음식도 제각기 다르지만 아주 훌륭한 조화 속에서 미국은 최고의 강대국으로 세계를 움켜쥐고 있다. 이들이 결국 이곳에서 잘 살아가려면 미국 문화를 폭넓게 이해하고 배워야 한다는 것이 내 강의 과목의 핵심이었다. 그것도 예술을 통해서 이해하자는 것이었다.

이 강좌는 준비를 시작한 지 2년 만인 2009년 가을에 비로소 학생들의 수강신청을 받아 가르치게 되었다. 예상대로 인기가 '대박'이었다. 강의는 이론이 절반이고, 나머지 반은 실기였다. 다민족 문화를 집중적으로 공부하기 때문에 그룹을 구성해 자율적으로 토론도 하고 박물관에 가게 하기도 했다. 이 수업은 언제나 정원이 꽉 차서 넘치게 되었다. 대기하는 학생이 항상 10명 이상이었다.

이 과목뿐 아니라 내가 가르치는 과목 대다수가 대기하는 학생들이 많았다. 나는 수업 정원제를 폐지해서 많은 학생들이 내 수업을 듣게 하길 원했지만 학부 교무과(Art and Humanity) 직원들이 허용하지 않았다. 자주 입씨름을 했지만 워낙 높은 벽이라 하루아침에 무너지지 않았다.

반면 백인 교수들이 시샘하는 눈빛이 뜨거워졌다. 전과 같지 않게 견제하는 교수들도 생겨났다. 사람 사는 곳은 동양이나 서양이나 비슷하다.

이런 와중에 지난해에 교양학부 전체에서 '최고의 선생(Best Teacher)'으로 내가 뽑혔다. 이처럼 나는 대학에서도 점점 탄탄하게 자리를 잡아갈 수 있었다.

창의력은 다소 엉뚱한 것에서 출발하지만 그것이 구체적으로 실현되면 놀라운 열매를 맺는다. 어제도 기도하다 갑자기 북한이 떠올랐다. 세계 유일의 분단국인 한국, 우리는 모두 통일을 기다린다. 그런데 유엔 건물이 한국의 비무장지대(DMZ)에 들어서면 어떨까 하는 생각이 불현듯 들었다. 이곳에서 평화의 소중함을 세계인들이 눈으로 보고 느끼며 그 필요성을 절감하고, 이런 염원들이 모여 통일을 앞당기게 될 것이란 생각이 들었기 때문이다.

달나라를 오가는 이 21세기에 굶주림으로 고통받고 종교의 자유가 없는 나라는 북한뿐이다. 이런 여러 가지 염원을 담아 스케치북에 한참이나 그림을 그리며 북한을 위해 기도했다. 남들이 보면 말이 안 된다고 하는 것도 열심히 기도하며 그것에 몰입하다 보면 점점 세부적인 아이디어가 솟아난다.

인간은 숨이 멎을 때까지 끊임없는 도전과 응전을 통해 자신을 발전시켜 나가는 존재라고 말하고 싶다. 학문의 세계 역시 계속 탐구하고 자신의 것으로 소화시키면서 발전을 가져오게 한다.

이런 맥락에서 인간은 죽을 때까지 공부해야 한다고 생각한다. 공부란 학교에서 배우는 것만이 다가 아니다. 물론 그것도 중요하지만 생활을 통해 얻는 지식과 깨달음도 아주 중요하다.

철학자 스피노자는 이렇게 말했다.

"나는 내일 지구의 종말이 오더라도 한그루의 사과나무를 심겠다."

그렇다. 우리는 끊임없이 도전하고 그것을 성취하는 기쁨이 엄청난 에너지로 우리에게 돌아온다. 하나님께서는 우리 인간에게 무한한 능력을 주셨다. 그럼에도 우리는 이 능력을 극히 일부만 사용하고 있다.

내가 가진 창의력을 포함한 모든 능력과 가치들을 최대한 사용하고 극대화해서 인생을 풍요롭고 적극적으로 사는 것이야말로 '인생'을 선물 받은 인간이 해야 할 가장 큰 숙제가 아닐까.

# 결과는 과정이 모여 나타나는 열매다

올해 겨울은 유난히 눈이 많이 왔다. 강국이라는 미국도 자연재해 앞에서는 속수무책이었다. 도로가 끊기고 학교는 휴교했으며 비행기와 버스, 열차 등 교통편은 사람들의 발을 묶었다. 눈 몇 십 센티미터가 우리들의 평범한 일상을 바꾸어 버렸다.

인간은 자신들이 완전하다고 생각하며 문명의 이기를 끊임없이 만들어 낸다. 새로운 것은 더 새로운 것을 만들어 내는 과정일 뿐이고 모든 것은 계속 업그레이드되고 있다. 그럼에도 인간의 능력엔 한계가 있다. 완벽한 것은 결코 존재하지 않는다. 눈이 많이 온 것만으로도 우리가 두 손을 들어야 하는 것처럼 인간이 아무리 똑똑하다고 고개를 쳐들어도 창조주 앞에서는 한낱 작은 존재에 불과하다.

나 역시 이번 책을 정리하면서 내가 참으로 부족하고 허점투성이의 인간임을 재확인했다. 내가 무엇을 이루어 냈다고 성취감에 환호성을 질렀지만 그 자체로 내 욕심이 될 수 있음을 깨달았다.

그 대신 내가 지금 왜 이 자리에 서 있는지 '정체성'을 확인할 수 있어 감사했다. 내가 아무리 미국 아이비리그 유명대학에서 석사·박사를 공부하고, 많은 사람을 알고, 경험을 쌓고, 큰 프로젝트를 수행했더라도 그것이 나의 만족을 위한 것이었을 뿐 나에 대한 하나님의 뜻이 아닐 수도 있다는 생각을 하게 된 것이다.

또한 내가 이 자리에서 무엇을 해야 하는가에 대해 철저히 자기 성찰하고 비전도 확인할 수 있었다. 과연 하나님이 나를 나 자신만을 위해, 그저 잘 먹고 잘 살라고 이 먼 미국 땅으로 그것도 늦은 나이에 보내신 것일까?

그렇지 않다고 본다. 내가 얻고, 배우고, 깨달아 만들어 낸 부분들을 많은 사람과 함께 나누고 이를 통해 도전과 발전이 이루어진다면 그것이야말로 내 삶의 의미가 될 것이다.

그 첫 발자국이 바로 나의 자전적 에세이집 『돈키호테 희망을 쏘다』이다. 읽을 때마다 부족하다고 느꼈지만 용기를 내어 출판한다. 이 또한 나의 '무모한 도전'으로 독자들의 이해를 부탁한다.

이 책에 나의 옛이야기나 가족사를 상세히 밝히지는 않았다. 언젠가는 그 이야기도 나눌 수 있을 때가 오리라 믿는다.

나는 항상 세 가지 꿈을 꾸며 살아가고 있다. 이 꿈은 나를 이끌어 가는 힘이자 내 생활에 활력과 용기를 주는 근원이 되고 있다. 그 첫째는 내 몸을 잘 다스려 항상 건강하고 누가 보아도 몸짱(?)이란 소리를 듣는 것이다. 둘째는 누구에게나 인정받을 수 있는 학식과 지혜, 능력을 갖추는 것이다. 셋째는 한국은 물론 세계를 뛰는 국제적 리더가 되는 것이다.

매일 열심히 운동하는 나는 이 나이에도 식스팩을 유지하고 있다. 목욕탕에 가면 사람들이 내 모습에 놀라곤 한다. 또, 최고의 지성이 모인다는 아이비리그 2개 대학에서 석박사 과정을 했으니 첫 번째와 두 번째 꿈은 어느 정도 이뤄진 것이 아닌가 싶다. 이제 나는 남은 세 번째 목표를 향해 오늘도 힘차게 달리고 있다. 그래서 계속 준비하고 있고 노력하고 있으며 기도하고 있다. 그 마지막 비전도 반드시 성취되고 이뤄질 것이라 믿는다

이 에필로그까지 읽어준 독자에게 감사드린다. 부디 내가 얻어낸 성취보다 실패하고 힘들어하고 노력한 것에 더 주목해 주었으면 한다. 결과는 과정이 모여 나타나는 열매다. 열매만 보고 과정은 생략하는 경우가 많다. 그러나 그 뒤에 숨겨진 눈물이 인생의 정답이 되곤 한다.

책이 나오기까지 수고한 손길들이 많다. 옆에서 조언과 기도를 아끼지 않은 아내에게 감사한다. 도서출판 상상나무의 김원중 사장님을 비롯해 부족한 내용을 잘 기획하고 편집해 준 편집직원들에게도 감사한다.

서두에도 썼지만 모쪼록 이 책을 통해 이 땅의 젊은이들이 패기와 용기를 얻고 도전을 두려워하지 않고 자신을 되돌아보며 또 절대자에 대해 진지하게 숙고하게 하는 책이 되었으면 하는 욕심을 부려 본다.

책 출간의 모든 감사와 기쁨을 하나님 앞에 돌린다.

2014년 2월 10일 이 정 한

미래를 여는 지식의 힘

(주)상상나무

www.smbooks.com
Tel. 031-973-5191